U0652310

广西检察工作发展状况及展望

（2019 年度）

广西壮族自治区人民检察院/编

中国检察出版社

图书在版编目（CIP）数据

广西检察工作发展状况及展望.2019年度/广西壮族自治区
人民检察院编.—北京：中国检察出版社，2020.3
ISBN 978－7－5102－2406－5

Ⅰ.①广… Ⅱ.①广… Ⅲ.①检察机关－工作报告－广西－
2019 Ⅳ.①D926.32

中国版本图书馆 CIP 数据核字（2020）第 027626 号

广西检察工作发展状况及展望（2019年度）

广西壮族自治区人民检察院 编

出版发行：	中国检察出版社
社　址：	北京市石景山区香山南路 109 号（100144）
网　址：	中国检察出版社（www.zgjccbs.com）
编辑电话：	（010）86423749
发行电话：	（010）86423726　86423727　86423728
经　销：	新华书店
印　刷：	保定市中画美凯印刷有限公司
开　本：	A5
印　张：	3.75
字　数：	101 千字
版　次：	2020 年 3 月第一版　2020 年 3 月第一次印刷
书　号：	ISBN 978－7－5102－2406－5
定　价：	18.00 元

检察版图书，版权所有，侵权必究
如遇图书印装质量问题本社负责调换

导　言

2019 年是中华人民共和国成立 70 周年，是全面建成小康社会、实现第一个百年奋斗目标的关键之年，大事多、喜事多、关键敏感节点多，检察工作任务艰巨、责任重大。

一年来，广西检察机关在党中央和最高人民检察院、自治区党委正确领导下，在自治区人大及其常委会有力监督，自治区政府、政协及社会各界大力支持下，坚持以习近平新时代中国特色社会主义思想为指导，深入贯彻党的十九大和十九届二中、三中、四中全会精神，坚决贯彻习近平总书记对广西工作的重要指示精神，认真落实自治区党委十一届五次、六次、七次全会和自治区十三届人大二次会议精神，坚持讲政治、顾大局、谋发展、重自强，忠实履行宪法和法律赋予的职责，着力推动"四大检察"全面协调充分发展，新时代广西检察事业稳步向前。全年共批捕各类犯罪 31772 件48141 人，提起公诉 39165 件 59364 人，批捕起诉人数同比分别上升 3.8% 和 10%。自治区人民检察院获评全国扫黑除恶专项斗争先进单位。开展"不忘初心、牢记使命"主题教育获中央第九指导组肯定，在自治区党委主题教育推进会上作经验发言。在自治区人大会议上，自治区人民检察院工作报告赞成率从 2013 年的 93.05% 提升到 2019 年的 98.46%。人民群众对广西检察队伍满意度从 2012 年的 92.59% 提升到 2019 年的 99.15%，连续 8 年在广西政法机关中排名第一。连续 8 年在自治区直属机关绩效考评中获一等等次。最高人民检察院充分肯定广西检察工作"有声有色、扎扎实实"。

为回应社会各界对广西检察工作的关注，自治区人民检察院继续组织编撰《广西检察工作发展状况及展望》一书，以期更全面展示广西检察工作情况，更好地接受社会监督。

目　录

目 录

总报告：2019 年广西检察工作发展状况及 2020 年展望

2019 年广西检察工作发展状况

2019 年是新中国成立 70 周年，也是检察事业迎来创新发展的机遇之年。面对国内外风险挑战明显上升的复杂局面，面对党和人民新期待，广西检察机关切实把思想和行动统一到党中央和最高人民检察院、自治区党委对形势的分析判断和决策部署上来，既充分认识到做好各项检察工作的有利条件，又深刻认识到影响广西社会稳定因素日趋多样化、各种矛盾纠纷碰头叠加、各类风险隐患交织集聚的严峻形势，坚持"稳进、落实、提升"的检察工作总基调，进一步强化忧患意识，增强工作主动性，积极适应新时代新任务新要求，勇于攻坚克难，各项检察工作任务进度符合预期，不断续写广西检察工作新篇章。

一、旗帜鲜明讲政治，确保检察工作正确政治方向

始终把坚持党的绝对领导作为检察工作的最高原则、最大优势，持续强化习近平新时代中国特色社会主义思想对检察工作的根本引领，不断筑牢新时代广西检察工作的政治根基。

坚持把政治建设摆在首位。坚持把学懂弄通做实习近平新时代中国特色社会主义思想作为增强"四个意识"、坚定"四个自信"、做到"两个维护"的根本。及时传达学习贯彻党的十九大及历次全会精神、习近平总书记重要讲话精神以及党中央和最高人民检察院、自治区党委各项决策部署，强化理论武装，自觉对标对表，其中自治区人民检察院先后开展"守初心、持恒心、强信心"等 8 大专题学习研讨活动，组织党组会议学习、研究具体贯彻措施议题 73 次。制订学习宣传贯彻党的十九届四中全会精神工作方案，开

展党的十九届四中全会精神大学习大讨论大调研，组织全员培训，在学懂弄通做实上狠下功夫。坚持党建引领，召开机关党建工作会议，组织开展"争做'三个表率'、争创'模范机关'"、"党支部建设加强年"和以革命传统、形势政策、先进典型及警示教育为主题的"一月一主题"宣讲活动，深入宣传宣讲党的创新理论。自治区人民检察院获评"全区理论宣讲先进集体"，在全区相关会议上就党建工作和干部监督工作作交流。把意识形态工作作为党的建设和政权建设的重要内容，制定完善意识形态工作联席会议制度，对意识形态工作责任制落实情况开展专项督导，涉检负面舆情同比下降 24%。

坚持党对检察工作的绝对领导。认真贯彻《中国共产党政法工作条例》，制订向最高人民检察院党组和自治区党委及其政法委请示报告重大事项清单，把请示报告备案事项细化为 44 项，书面请示报告 109 次，报送检察工作信息 274 期。全面落实《中国共产党党组工作条例》，将党组会讨论重大事项细化为 48 项，制订集体决策失误纠错改正办法，进一步提高党组决策制度化规范化科学化水平。健全党组在司法办案中发挥领导作用制度，定期分析核心业务数据，确保党的路线方针政策和宪法法律统一正确实施。规范三级检察院检察委员会工作制度、议事制度，把党的绝对领导落实到检察机关内设机构改革和各项制度执行中，落实到检察职能具体行使全过程。最高人民检察院张军检察长两次批示肯定自治区人民检察院贯彻落实最高人民检察院党组决策部署情况。始终坚持人民代表大会制度，认真负责地向人大及其常委会报告工作，建立健全接受人大监督的经常性工作机制，自觉接受人大及其常委会和人大代表的监督，把以人民为中心的发展思想贯穿到检察机关履职全过程。

以主题教育、审计、巡视发现问题整改为契机，切实把党中央和最高人民检察院、自治区党委决策部署落到实处。认真组织开展"不忘初心、牢记使命"主题教育，加强对下指导和三级联动整治，认真梳理三级检察院联动整改问题清单、帮助基层解决重大困难问题 10 件实事，自治区人民检察院党组成员结合检察工作实际牵头开展 5 大专项行动、8 个专题调研，邀请全国和自治区人大代表、政协委员为检察机关"问诊把脉"，不断提升政治能力和司法办案质效，开展"不忘初心、牢记使命"主题教育获中央第九指导组肯定，在自治区党委主题教育推进会上作经验发言。自觉接受经济审计监督和最高人民检察院党组第四巡视组巡视，结合主题教育、审计、巡视发现的问题，及时研究制定整改方案，切实把党和国家方针政策、决策部署落实到各项检察工作中。

二、充分发挥检察职能，主动服务发展大局

牢牢把握稳中求进工作总基调，坚决贯彻党中央和最高人民检察院、自治区党委决策部署，努力为服务经济高质量发展、社会和谐稳定提供法律服务和法治保障。

坚决维护国家政治安全和边境稳定。全面贯彻落实总体国家安全观，以做好庆祝新中国成立 70 周年维稳安保工作为主线，举全区三级检察院之力配合敏感时段、重要节点维稳工作大局。成立自治区人民检察院国家安全人民防线建设小组，实行危害国家安全犯罪诉前报备审查制度，认真履行检察环节各项职责。深入开展反分裂斗争，充分认识当前严峻复杂的反分裂斗争形势，运用法治思维和法治方式妥善应对境外敌对势力长期对广西边境地区和少数民族聚居区实施"颜色革命"等带来的重大风险挑战，增强忧患意识、坚守法律底线，坚决严惩各类危害国家安全犯罪，严厉打击"法轮功""全能神""呼喊派"等邪教组织犯罪。健全落实社会矛盾排查化解机制，积极参与涉军、涉众等群体"维权"活动的疏导稳控工作，认真贯彻实施全国人大常委会特赦决定和国家主席特赦令，依法监督、配合特赦案件办理，切实做到不错放、不漏赦，为迎接新中国成立 70 周年营造良好法治环境。主动与公安、国家安全、法院、边防、海关等部门建立常态化协作机制，每年召开边海防地区检察机关、公安边防部队实务研讨会等，依法惩治危害边境管理秩序各类犯罪，切实维护边境安全稳定。

  深入推进扫黑除恶专项斗争。批捕涉黑涉恶犯罪嫌疑人 1334 人、起诉 2374 人。广西三级检察院高度重视严格依法办案，自治区人民检察院会同相关部门制定 6 个指导性文件，与公安、法院联合挂牌，集中起诉、审判重大涉黑恶案件 10 件，实地指导办理黎健坤、张树辉、关飞虎、杨绍光等一批重大复杂案件。全面落实省级检察院对涉黑和重大涉恶案件统一把关、市级检察院对所有涉恶案件统一把关制度，努力做到"是黑恶犯罪一个不放过、不是黑恶犯罪一个不凑数"，追捕追诉 247 人；侦查机关以涉黑涉恶移送审查起诉，检察机关不认定 236 件；未以涉黑涉恶移送，检察机关依法认定 55 件。坚决"打伞破网""打财断血"，起诉黑恶势力保护伞 35 人，监督、配合侦查机关查封、扣押、冻结"黑财" 16.97 亿元。坚持扫黑除恶与乱象治理并重，做好标本兼治工作，对案件反映的倾向性、趋势性问题以及管理上的漏洞，向案发地区、部门、单位及时提出检察建议 296 件。自治区人民检察院获评全国扫黑除恶专项斗争先进单位。

  服务打好三大攻坚战。一是重点促进防控金融风险。积极参与互联网金融风险专项整治，妥善办理"全民消费网""云联惠"等重大案件，依法严惩非法吸收公众存款、集资诈骗、传销等涉众型经济犯罪，批捕 1382 人、起诉 1435 人。积极参与"e 租宝"广西集资参与人信息核实登记等善后处置工作。认真分析金融领域违法犯罪案件反映出的金融监管问题，向自治区金融监管部门发出检察建议，大力推进最高人民检察院"三号检察建议"落实，协助金融监管部门强化监管、完善机制，有效防范化解金融风险，获自治区领导充分肯定及金融监管部门高度重视。二是聚焦脱贫攻坚目标持续发力。深入开展国家司法救助助力脱贫攻坚工作，依法惩治惠农扶贫领域犯罪，起诉 242 人，将因案致贫、因案返贫的困难群众及时纳入司法救助，救助贫困人口 498 人，发放司法救助金 480.256 万元。切实做好定点帮扶，全区选派 382 名检察干警担任第一书记或驻村工作队员，47 人获自治区表彰，助推 152 个挂点村全面脱贫。持续开展集中整治和加强预防扶贫开发领域职务犯罪专项工作，结合扶贫工作推进"一村一法治宣传巡讲"活动。三是把服务打好污染防治攻坚战做深做实。发挥检察职能，推进中央环保督察组"回头看"反馈问题整改落实，依法起诉跨省非法转移倾倒危险废物、非法排放有毒有害污染物等破坏环境资源犯罪3616人。贯彻"恢复性司法"理念，实现惩罚犯罪与修复治理有机结合，全国首例由省级法检"两长"出庭履职的环境公益诉讼二审案件获社会好评。从跨国、跨省、跨市三个层面完善生态环境保护协作机制，与越南边境四省检察机关达成环境保护合作共识并签署会谈纪要，与广东省人民检察院签订西江流域生态环境资源保护协作意见，与粤、黔相邻地区检察机关建立推进西江、贺江、红水河领域生态环境协同保护的共建共治共享机制。

服务保障民营经济健康发展。认真把"法治是最好的营商环境"要求落实到检察工作中。制定服务保障民营经济健康发展的实施意见，坚定贯彻对涉嫌犯罪的民营企业和企业家"能不捕的不捕、能不诉的不诉、能不判实刑的就提出适用缓刑建议"的要求，全年对非公企事业单位人员不批捕、不起诉同比分别上升0.43%、41.8%，努力不让民营企业因为一场官司而轻易垮掉。自治区人民检察院联合自治区工商联印发加强沟通联系机制的实施意见，共同设立服务民企工作站，建立起日常沟通联系机制，开展专题会商和联合调研，同时带动15个市级检察院与工商联建立协作机制。开展服务民营经济"十百千万"专项活动，全区三级检察院领导联系服务民营企业482家，组织民营企业界代表走进检察机关，了解民营企业的堵点痛点，建立涉民企诉讼数据库，为民营经济发展提供法治服务，为企业协调解决困难问题163个。加强涉民营企业案件立案监督和羁押必要性审查，提出释放或变更强制措施建议52人，已获采纳47人。积极组织开展涉民营企业刑事诉讼"挂案"及刑事申诉积案专项清理，依法起诉欺行霸市、强买强卖、向民营企业家收取"保护费"等侵犯民营企业合法权益犯罪377人，依法起诉惩治侵犯知识产权、制售伪劣商品等破坏市场经济秩序犯罪2076件4418人。及时发布9件依法保障民营经济、维护民营企业家合法权益的典型案例加强指导。

服务保障广西开放发展。围绕自治区党委政府提出的"南向、北联、东融、西合"开放发展总体布局，制定实施服务保障区域协调发展的意见，依法惩治危害"一带一路"、中国（广西）自由贸易试验区和北部湾经济区建设中的金融、外贸、知识产权等领域犯罪。持续推进国（区）际司法务实合作，办理涉美国、澳大利亚、韩国、越南、菲律宾及台湾地区司法协助案件 36 件。推动建立与"一带一路"沿线国家双边合作机制，完善边境地区检察机关直接司法协助和定期会晤机制，在中越边境地区检察机关会晤第二次会议上专题介绍跨境公益协同保护的工作做法。加强"一带一路"沿线检察机关合作，南宁铁路运输检察分院联合兰州、成都铁检分院签署了《关于积极服务中新互联互通项目南向通道建设加强沿线铁路检察机关协作配合的工作意见》，合力护航新通道建设。联合自治区高级人民法院举办东盟国家高级检察官法官研修班 3 期，选派 2 批检察教官到老挝、泰国、印度尼西亚、菲律宾等国，积极宣讲习近平新时代中国特色社会主义思想和中国特色社会主义司法制度，接待来访交流 8 批次 137 人，相关经验做法得到最高人民检察院肯定。

持续发挥反腐败斗争中的检察作用。认真落实互相配合、互相制约要求，联合自治区纪委监委、自治区高级人民法院制定移送职务犯罪案件工作流程、办理职务犯罪案件工作办法等系列规范性文件。全年共决定逮捕职务犯罪 358 人、起诉职务犯罪 596 人，其中起诉原省级干部 1 人、原厅级干部 11 人、原处级干部 79 人。圆满完成国家监委和最高人民检察院交办的湖南省人大常委会原副主任向力力受贿案的提前介入、审查起诉和出庭公诉工作。自治区人民检察院率先在全国出台立案侦查司法工作人员相关职务犯罪案件工作规定，依法规范办案工作流程，在各级纪委监委支持下，全区检察机关立案侦查司法人员侵犯公民权利、损害司法公正犯罪案件 12 件 14 人。

三、牢记初心使命，扎实开展检察为民工作

始终牢记民心是最大的政治，坚持以人民为中心，积极践行司法为民、司法便民的初心使命，真正把司法为民落到实处，不断增强人民群众获得感、幸福感、安全感。

切实加强民生司法保障。坚决保护公民人身权、财产权，严惩故意杀人、放火、绑架等严重暴力犯罪，起诉 2589 人；依法惩治"盗抢骗""黄赌毒"等多发性犯罪，起诉 25514 人。依法维护食品药品安全，印发落实食品药品安全"四个最严"要求专项行动工作实施方案，部署开展"四个最严"专项活动和"保障千家万户舌尖上的安全"专项监督活动，起诉制售假药劣药、有毒有害食品等犯罪 147 人，立案食品药品领域公益诉讼 312 件。"非洲猪瘟"疫情出现后，全区检察机关及时跟进督促相关职能部门严格监管，2313 家不合格网络餐饮店被下线，对 1327 所中小学、幼儿园食堂及周边食品流动摊点进行食品安全隐患排查，让学生吃得安心，让家长更放心。重视特殊群体合法权益保护，起诉侵害妇女、老年人、残疾人以及医生合法权益犯罪 1318 人。加强对农民工特殊群体的司法保护，积极监督解决农民工讨薪问题，依法打击拒不支付劳动报酬、强迫劳动等犯罪，起诉 110 人，为 2900 多名劳动者讨回劳动报酬。受理国家司法救助申请 1058 件，发放司法救助金 1008 件 1452 人 1428 万余元。创造性打造了三级联动多元司法救助格局，做到应救尽救、应救即救，相关做法被最高人民检察院确定为"广西经验"向全国推广。廖才利司法救助案件入选最高人民检察院评选的第一批国家司法救助典型案例。

加强未成年人司法保护。专设未成年人检察机构，优先履行未成年人案件特别程序，保护其合法权益。对侵害未成年人的校园暴力、校园性侵、"校园贷"等犯罪案件，起诉 3240 人。对涉嫌轻微犯罪并有悔罪表现的未成年人，贯彻教育感化挽救方针，不批捕 626 人、不起诉 326 人、附条件不起诉 98 人。制定监督各级政府教育部门落实"一号检察建议"长效工作机制 39 项，出台相关制

度文件 34 份，以高度负责的态度和"没完没了"的精神推进建议落实落地。联合自治区教育厅等教育部门印发加强沟通联系的实施意见 97 份，建立健全与教育部门沟通联系机制 84 项，共同开展专项检查 162 次，从校园性侵强制报告、女生宿舍封闭管理等入手，积极提出检察建议，推动健全未成年人保护法网。认真落实谁执法谁普法责任制，全区三级检察院领导均到中小学校兼任法治副校长并带头讲法治课，联合教育和工、青、妇等部门组建"八桂护未队"全区巡讲团，开展为期 3 年的"法治进校园"全区巡讲活动，举办"防治校园欺凌、护航未成年人成长"检察开放日活动，建设青少年法治教育基地 57 个，创建"儿童家园"37 所，覆盖院校 1000 多所、学生 200 余万人次。联合团委、妇联、各民主党派、公益组织等，广泛开展对受害和犯罪未成年人的心理辅导、观护帮教和困难扶助等工作，把关爱保护未成年人工作做得更细更实。新增自治区级"妇女儿童维权岗"31 个，5 个集体、4 名个人获评全国维护妇女儿童权益先进集体或先进个人，2 个集体获评全国青少年维权岗，7 个案例获评广西维护妇女儿童合法权益典型案例，2 个案例获评全国检察机关加强未成年人司法保护典型案例，广西检察机关提请抗诉的某教师性侵儿童案获评 2019 年度十大法律监督案例，柳州市、玉林市、钦州市钦南区检察院被确定为全国开展未成年人检察工作创新实践基地。

坚持和发展新时代"枫桥经验"。研发"全区检察机关网上信访信息系统""涉法涉诉信访综合处理平台"等系统，积极畅通群众诉求表达、利益协调、权益保障通道。针对 2019 年受理各类信访 15430 件（次）、同比上升 47.8% 的新形势，将心比心对待群众信访，通过推进繁简分流、创新听证形式、升级改造信访信息系统、加强以案释法，认真落实"7 日内程序回复、3 个月内办理过程或结果答复"制度，首次信访回复率达到 100%，切实以过细的工作努力化解矛盾纠纷、减少社会戾气。注重结合办案深入分析有关部门、行业、领域存在的监管漏洞，及时发出 1818 份检察建议，促进相关部门依法履职、完善治理。积极探索完善邀请人大代表、政协委员、人民监督员等社会第三方参与化解矛盾纠纷机制，努力实现政治效果、法律效果和社会效果相统一。

四、转变司法检察理念，推动"四大检察"全面发展

紧密围绕依法治国新理念新思想新战略要求，以转变观念为"要"，以创新机制为"纲"，以提升能力为"本"，着力强化检察法律监督，努力推动新时代广西检察工作创新发展。

深入推动司法检察理念建设和转变。认真落实新修订检察官法关于检察官必须"秉持客观公正的立场"的规定，要求把客观公正作为履职的本质要求，坚决摒弃单纯重惩治、重打击、仅以从重从严为己任的旧观念，始终牢记"检察官既是犯罪的追诉者，也是无辜的保护者，更要努力成为中国特色社会主义法律意识和法治进步的引领者"。坚持把客观公正立场贯穿刑事诉讼监督工作始终，落实到准确认定正当防卫案件中。明确要求不仅是刑事检察，在履行各项法律监督职责时，只有秉持客观公正立场，才能真正当好公平正义的守护者。比如，在刑事检察中，推行"派驻＋巡回"检察方式，开展监督纠正减刑、假释、暂予监外执行专项监督，防止有钱人、有权人成为法外之人。在民事检察中，针对群众反映强烈的民间借贷等领域打"假官司"问题，联合法院、公安、司法行政部门制定关于防范和查处虚假诉讼的若干意见，开展专项监督。在行政检察中，部署开展促进行政争议实质性化解专项活动，保障当事人应享有的实体利益。在办案中注重保障律师法律职业共同体地位，开展保障律师执业权利专项监督活动。

坚持在办案中监督，在监督中办案。深刻认识宪法对检察机关法律监督机关的职能定位，主动适应新时代背景和监察体制改革、司法体制改革进程，坚守法律监督工作坐标定位，始终保持检察产品全面协调充分供给的战略定力，推进检察监督能力提升。一是把办案作为强化法律监督的基本方式。推进检察监督事项案件化办理和司法理念、司法方式、司法措施深刻转变和调整完善，努力实现监督工作从"办事模式"到"办案模式"转变，摒弃"重刑轻

民""重打击轻保护""重实体轻程序""重协作轻监督"等陈旧办案理念，增强监督的刚性。比如民事抗诉、行政抗诉优先选择在司法理念方面有创新、进步、引领价值的典型案件，充分发挥对类案的指导作用。同时，加强对确有错误但不具有典型性的个案监督，以检察建议方式促请法院纠正。全年对违反法定审理期限、适用审判程序错误、违法送达、违法调解等行为，提出民事检察建议152 件，法院采纳 138 件。加强对行政诉讼结果、行政审判活动和行政执行监督，提出行政检察建议 54 件，法院采纳 46 件。重点开展行政非诉执行专项监督，提出检察建议 34 件，法院采纳 26 件。二是践行双赢多赢共赢的监督理念。树立检察机关依照法律开展法律监督是共赢的理念，在刑事、民事、行政诉讼和行政执法中，加强对违反法律、违反程序、怠于履职等情形的监督纠错。全年监督侦查机关立案 1060 件、撤案 630 件，纠正侦查违法行为 1222 次，追捕 1883 人，追诉 2108 人。强化对有罪判无罪、无罪判有罪、量刑畸轻畸重、法律适用错误的监督，依法对 199 件案件提出抗诉。同时，依据办案发现的倾向性、趋势性问题以及管理上的漏洞等，深入分析研究，全年发出促进社会治理检察建议 550 份，力争画好最大同心圆。三是从国家治理体系和治理能力现代化的高度落实"案－件比"办案指标体系。把实现 1∶1 的最优"案－件比"作为评价办案质效和人民群众对司法活动感受的重要指标，以法律监督减少因复审、重复申诉、退查退补造成"件"数增加的情况发生，减少群众讼累，增强人民群众对司法产品的获得感。比如对侦查机关，以提升检察机关自身能力创新监督效果，更好发挥批捕、起诉环节引导侦查取证职能，认真落实规范"补充侦查提纲"要求，明确提纲要把案件的侦查方向、案件定性问题以及取证目的、意义等写清楚。

全面落实认罪认罚从宽制度。全区三级检察院从国家治理全局要求的高度，依法履职、主动加压，在自治区党委政法委指导下，对全区落实认罪认罚从宽制度工作进行专题调研，并会同自治区公安厅、自治区高级人民法院、自治区司法厅、自治区安全厅、自治区财政厅召开联席会议进行研究，推动全面落实认罪认罚从宽制度。自治区人民检察院先后召开扫黑除恶专项斗争工作电视电话会议、现场督导会等进行部署，组织培训、案例教学，会同有关政法单位制定指导意见，出台常见犯罪精准量刑指引等规范性文件，促进各级检察机关担负起指控证明犯罪的主导责任。全年邀请律师参与8399件认罪认罚从宽案件的办理，对自愿认罪认罚的31597名犯罪嫌疑人，依法提出从宽的量刑建议，或依法作出不起诉处理，着力提升办案质量、效率和效果，减少社会对抗，案件双方当事人申诉上访比例显著降低，对司法处理结果的接受度和认可度进一步提升。2019年12月，广西检察机关认罪认罚从宽制度适用率已达84.8%。

深入推进公益诉讼检察工作。全年共立案公益诉讼案件1725件，办理诉前程序案件1528件，提起诉讼94件，同比分别上升171.2%、191.1%、108.9%。紧扣"公益"凝聚各方共识合力，主动向党委、人大、政府汇报或通报工作情况，向自治区人大常委会作专项报告并获支持，在自治区党委政府出台《关于支持检察机关依法开展公益诉讼工作的通知》的基础上，广西成为全国第五、西部第一个省级人大常委会出台《关于加强检察机关公益诉讼工作的决定》的省份，9个市人大常委会听取专项报告，北海、防城港、贵港、玉林、贺州、崇左等市人大常委会出台专项决定。南宁、柳州、桂林、梧州、钦州、贵港、百色、贺州、河池等地党委、政府通过设立公益诉讼专项基金、将行政机关落实检察建议纳入绩效考评等形式，进一步支持公益诉讼检察工作。政协及民主党派、工商联通过与检察机关开展联合调研等形式，推动解决公益诉讼检察工作合力不够、区域协作不畅等困难问题。自治区人民检察院联合14家区直行政机关建立公益诉讼工作协作配合机制，与自治区高级人民法院加强诉审衔接、统一司法尺度，与自治区生态环境厅探索开展生态环境损害赔偿磋商协作，促成全区首例磋商案的赔偿义务人主动承担生态损害赔偿等相关费用近350万元。认真落实党的十九届四中全会精神和最高人民检察院部署，积极、稳妥开展"等"外探索，明确不仅要把法律明确赋权的"4＋1"领域案件办好、办扎实，还要以高度负责的精神，积极办理群众反映强烈的其他领域公益诉讼案件。全年立案新领域案件 264 件。其中，针对社会关切的历史文化保护、网约车运营监管、安全生产、公共卫生安全、校园周边烟草禁售等领域突出问题加强监管，办理公益诉讼案件 69 件。部署开展捍卫国旗尊严专项活动，对不规范升挂国旗、国旗破损褪色等情形全面排查，办理公益诉讼案件 195 件，督促有关单位在新中国成立 70 周年国庆前有效整改，获得普遍好评。围绕英烈权益保护，办理公益诉讼案件 83 件。

发挥司法引领作用，促进增强法治观念。认真落实"一个案例胜过一打文件"要求，围绕社会广泛关注的扫黑除恶、民营企业司法保护、食品药品安全、虚假诉讼等发布典型案例 135 个，既规范、指导办案，又以案释法。大力推动 12309 检察服务中心网络平台建设，通过"两微一端"等渠道搭建"民意快车道"，建立健全案件信息和法律文书依法发布常态化机制，用公开透明的司法数据动态展示法治成果、体现法治自信，同时接受社会监督。全区检察机关全年依法及时发布案件程序性信息 86251 件、重要案件信息6679 件、公开法律文书 35169 件。实现"检察开放日"常态化，邀请12608 名各界代表走进检察机关，了解监督检察工作。

五、以机构改革为突破，深化司法体制综合配套改革

以内设机构改革为抓手，进一步深化司法体制综合配套改革，谋划推进检察监督体系变革重构和检察监督力量提升重塑，为检察监督体系和检察监督能力现代化奠定扎实基础。

扎实推进内设机构改革。按照党中央和最高人民检察院、自治区党委决策部署，扎实推进、总体完成三级检察院内设机构改革，实现检察组织结构的系统性、整体性重构，形成刑事、民事、行政、公益诉讼"四大检察"法律监督总体布局。在机构设置上，自治区人民检察院业务机构原则上与最高人民检察院对应设置，市级人民检察院业务机构总体上与自治区人民检察院对应，基层人民

检察院通过专业化办案组或者独任检察官承担相应职责解决机构数量受限问题，确保上下贯通。在部门分类上，坚持一件事情由一个机构负责到底的原则，对刑事案件办理实行捕诉一体，并以案件类型和业务性质为基础，在自治区人民检察院设置普通刑事犯罪、重大刑事犯罪、职务犯罪、经济犯罪、刑事执行检察五个刑事检察办案机构，切实做优刑事检察。针对检察机关受理的民事行政申诉案件持续上升的情况，分别设立了民事检察、行政检察办案机构。着眼于当好"公共利益"代表的崇高定位和法律赋权，专设公益诉讼检察办案机构。持续用心做好未成年人检察工作，专设未成年人检察办案机构。

持续深化司法体制改革。认真推进员额制改革，贯彻落实《省以下人民检察院检察官员额动态调整指导意见》，动态调整检察官向人均办案量大的基层检察院倾斜，经验做法获最高人民检察院推广。在全国率先探索实行检察官候补制，遴选候补员额检察官71 名，及时为基层补充员额检察官，经验做法获最高人民检察院推广。认真贯彻《人民检察院检察官员额退出办法》，对43 名检察官办理了退额手续，倒逼办案质量和法律监督能力取得提升。修订完善三级检察院检察官权力清单和履职指引，定期开展案件质量评查，加强检察权运行管控。切实把检察官办案的担子、责任压得更实，充分激发制度执行效能，努力把检察制度优势转化为社会治理效能。充分发挥司法业绩考核的指挥棒作用，将业务工作、司法作风、司法技能和职业操守等方面作为年度绩效考核的重要依据，载入个人司法档案。认真落实监狱巡回检察改革，通过"派驻 + 巡回"、异地交叉巡回、自治区人民检察院负责同志带队直接到 5 个监狱进行巡回检察，及时发现并纠正违规违法问题。

深化刑事诉讼制度改革。认真贯彻"两高三部"《关于推进以审判为中心的刑事诉讼制度改革的意见》，制定毒品案件证据收集审查指引、命案证据审查与采信规范指引、退回补充侦查工作指导意见、审查逮捕工作防止冤假错案办案规范等一批指导性文件，完善各项配套制度机制，进一步规范审查逮捕、审查起诉工作。坚持同步审查各级人民法院刑事判决、裁定文书，对确有错误的判决、裁定依法提出抗诉，切实保障案件质量。充分发挥诉前主导作用，落实认罪认罚从宽和值班律师制度，加强侦捕诉衔接机制，完善补充侦查制度，推行刑事"专家辅助人"出庭作证，探索对重大监督事项实行案件化办理，推行检察建议公告、宣告制度，提升监督实效。2019年以来，全区无罪判决、撤回起诉刑事案件大幅度下降；审查逮捕、审查起诉案件质量良好。

六、加强检察队伍建设，适应新时代更高更严要求

紧密围绕党的建设新要求，强化理论武装，自觉对标对表，狠抓从严管党治检，努力打造一支让党放心、让人民群众满意的"四个铁一般"新时代广西检察队伍。涌现出全国模范检察官戴丽萍等一批先进典型，南宁市人民检察院检察委员会专职委员易燕平同志在公诉席上以身殉职，为维护公平正义奋斗到生命最后一刻，树立起新时代人民检察为人民的典范。

以领导班子建设为重点，切实发挥检察队伍的关键要素作用。加强领导班子和领导干部的政治考察，建立健全市级检察院检察长和党组副书记履职情况了解评价机制，选优配强三级检察院领导班子。高度重视市县检察院领导班子年龄结构老化、"青黄不接"的问题，认真履行协管职责，加强调研分析，给组织部门当好参谋、提准建议，逐步平稳解决。举办厅级干部、处级干部和科级干部专题研修读书班，分层分批开展领导干部素能培训。坚持把领导干部带头办案做实，一年来，三级检察院检察长、副检察长、检察委员会专职委员办案30066件，占案件总量的22.68%，同比上升33.43%；列席法院审判委员会会议314次，同比上升40.81%。注重加强领导干部专业化建设，把人民检察院组织法提出的法学背景要求严格落实好。完善激励担当实干机制，出台具体措施20条，树立重实干重实绩的用人导向，选人用人满意度逐年上升。

抓实政治性强的业务建设。创新共享式、一体式教育培训模式，与纪委监委、公安、法院等法律共同体开展联合培训5期，努

力强化法律职业共同体责任意识，7 项课题获评全国精品课程。力推大检察官上讲台、检察官教检察官制度落实，自治区人民检察院崔智友检察长带头，各班子成员和各部门主要负责人依托视频会议系统，将党中央和最高人民检察院、自治区党委部署要求直接传递到基层，全年上讲台 512 次。以"检答网"为平台加强上下级检察机关业务交流，全年对下答疑 1700 余条，努力为基层检察机关答疑解惑。制订检察机关跨层级跨区域交流学习和挂职锻炼工作方案，与自治区市场监督管理局、自治区生态环境厅、中国政法大学、广西民族大学等行政机关和高等院校互派干部挂职交流；推行跨省跨市跨县交流，主动向浙江、广东两省检察院选派 15 名广西检察官前往学习锻炼。完善办案咨询机制，聘请 130 名专家学者、法律界代表委员、律师等，组建专家咨询委员会，为专业化办案引进了"外脑"。

以更严要求加强纪律作风建设。聚焦司法办案重点环节，深入开展廉政风险集中排查及防控。自觉接受各级纪委监委及其派驻机构的监督。充分发挥巡视利剑作用，对南宁市、河池市检察院党组以及自治区人民检察院 2 个内设机构党组织开展常规巡视，对发现的问题点名道姓通报，用活"四种形态"。深化全面从严治检"五查五整顿"专项行动，深入开展"以身边案教育身边人"专项警示教育活动。建立党员干警思想纪律作风动态分析联席会议制度，坚持抓早抓小、防微杜渐。严格执行"三个规定"，做实过问或干预、插手检察办案等重大事项记录报告制度。

加强基层基础建设。克服内生发展动力不足问题，始终把基层基础建设作为事关检察工作发展的根本来抓。深化智慧检务建设，向科技要检力、要质效、要规范化，推动科技应用与检察工作深度融合，带动检察监督方式和检察工作业态深刻变革，远程提讯、掌上检察和无人机等检察智能化、信息化成果和高科技装备得到普遍应用，有力提升了检察监督的现代化能力。

2020 年广西检察工作面临的形势研判

2020 年是全面建成小康社会和"十三五"规划收官之年。站在"两个一百年"奋斗目标的历史交汇点上，面临更加复杂的国内外环境，广西检察工作发展机遇和挑战并存。一方面，党的十九届四中全会作出《关于坚持和完善中国特色社会主义制度推进国家治理体系和治理能力现代化若干重大问题的决定》（以下简称《决定》），这是以习近平同志为核心的党中央从政治上、全局上、战略上的全面考量，具有重大而深远的政治意义、理论意义和实践意义，对于充分发挥检察机关在推进国家治理体系和治理能力现代化进程中的职能作用，完成各项检察工作任务，全面建成小康社会，加快建设壮美广西，共圆复兴梦想，推进广西经济社会平稳健康发展具有重要意义。另一方面，当今世界正经历新一轮大发展大变革大调整，世界处于百年未有之大变局，国际形势日趋复杂。国内社会利益关系调整加深，诸多矛盾叠加，各种风险汇聚，不安全不稳定不和谐因素大量增多，特别是新型冠状病毒感染的肺炎疫情局部爆发，公共卫生安全出现不可预测性，经济下行压力在持续中加大，随之而来的维护稳定、服务经济高质量发展面临考验，落实谋发展、重自强的要求更加紧迫。

一、党的十九届四中全会对检察机关推进国家治理体系和治理能力现代化中的作用发挥提出了新任务新要求

党的十九届四中全会就坚持和完善中国特色社会主义制度、推进国家治理体系和治理能力现代化问题进行专题研究，为在党的全面领导和党中央集中统一领导下如何处理我国制度体系和治理能力的关系指明了方向，为把我国制度优势更好转化为国家治理效能，

以及加强系统治理、依法治理、综合治理、源头治理等"四大治理"奠定了基础。

检察机关作为国家的法律监督机关，如何充分发挥检察职能，在国家治理体系和治理能力现代化进程中体现检察担当，面临新机遇新任务新要求。比如，《决定》明确提出"健全支持民营经济、外商投资企业发展的法治环境"，强调要营造各种所有制主体同等受到法律保护的市场环境，对于检察机关以更高的政治站位、更强的政治和法治自觉抓好落实，切实维护各种所有制企业的合法权益，营造法治化营商环境提出了更高要求。比如，《决定》明确提出要"加强对法律实施的监督"，把司法监督纳入党和国家监督体系作出部署，赋予检察工作更多职责使命，肩负着更重要政治责任和法律责任。比如，《决定》提出"拓展公益诉讼案件范围""完善生态环境公益诉讼制度"，这充分体现了党中央和广大人民群众对公益保护的高度重视，也对新时代公益诉讼检察工作提出了更高要求。又比如，《决定》在坚持和完善共建共治共享的社会治理制度部分，突出强调要"完善社会治安防控体系""健全党组织领导的自治、法治、德治相结合的城乡基层治理体系"，这为检察机关立足检察职能，完善正确处理新形势下人民内部矛盾有效机制，践行新时代"枫桥经验"，畅通和规范群众诉求表达、利益协调、权益保障通道，完善人民调解、行政调解、司法调解联动工作体系和社会矛盾纠纷多元预防调处化解综合机制，提供了重要指引。

2020 年 1 月，习近平总书记对政法工作做出的重要指示指出，要着力推进市域社会治理现代化试点，努力建设更高水平的平安中国、法治中国。这些重要指示更是做好新时代检察工作的行动指南。此外，自治区党委擘画了广西治理体系现代化的新蓝图，作出许多新的安排和部署，为广西经济社会发展注入了强大的动力。2019 年 8 月，国务院同意设立中国（广西）自由贸易试验区，继西部陆海新通道建设上升为国家战略后，广西再次迎来重大发展机遇。这些都为广西检察事业发展带来前所未有的发展机遇和发展空间，为广西检察机关围绕中心、服务大局提供了难得平台，以及在推进国家治理体系和治理能力现代化中履行职责提供了宽广空间。

同时，也应清醒认识到，尽管我区检察机关在服务保障大局、创新社会治理等方面已取得积极成效，但如何按照《决定》提出的新任务新要求，切实肩负起维护国家政治安全、确保社会大局稳定、促进社会公平正义、保障人民安居乐业的职责任务，努力在推进扫黑除恶专项斗争、服务打好三大攻坚战、主动服务中国（广西）自由贸易试验区等大局工作中找准检察工作与大局工作深度融合的结合点和着力点，以检察机关自我革命推进中国特色社会主义检察制度优势转化为社会治理效能，努力与党委政府中心工作实现同频共振，还需付出艰苦努力，服务经济社会发展的针对性、实效性还需要进一步增强。

二、日益复杂的国际国内形势对检察机关维护国家安全和确保社会稳定提出了新任务新课题

党的十九届四中全会明确指出："高度警惕、坚决防范和严厉打击敌对势力渗透、破坏、颠覆、分裂活动。"2020年1月，习近平总书记对政法工作作出的重要指示指出，要把维护国家政治安全放在第一位，继续推进扫黑除恶专项斗争。郭声琨书记在中央政法工作会议上强调，把维护国家政治安全放在第一位，以防控化解各类风险源为着力点，以扫黑除恶专项斗争、市域社会治理现代化试点等为切入点，着力提高政法工作现代化水平。这些部署与检察工作直接相关，为检察机关做好维护国家安全、深化扫黑除恶专项斗争等工作，充分发挥刑事检察职能，更好地维护国家安全、确保社会稳定提供了重要指引。最高人民检察院张军检察长要求，检察机关要主动融入党和国家工作大局、坚决维护国家政治安全和社会稳定、以强烈的政治担当推进扫黑除恶等重点任务和重大战略，积极主动服务打好三大攻坚战等要求，对广西检察机关主动服务党和国家工作大局，打击危害国家安全犯罪，维护国家安全、确保社会稳定等提出明确要求。近年来，广西检察机关与边境地区检察机关司法交流合作越来越频繁、联系越来越密切，依法打击危害国家安全

犯罪、确保社会稳定等工作，成果丰硕，为广西检察机关在新的历史起点上继续维护国家安全、做好服务开放发展指明了方向、奠定了坚实基础。

但是，当前世界大变局加速深刻演变，全球动荡源和风险点增多。从国家层面看，我国外部环境复杂严峻，不仅面临着政治、军事、外交等传统安全威胁，还面临着恐怖主义、跨国犯罪、环境污染、自然灾害、严重传染性疾病等非传统安全威胁。敌对势力从经济、政治、舆论等多领域对我打压；台独等分裂势力，东海、南海等周边存在复杂而敏感的历史问题和现实问题，我国安全形势面临的不稳定、不确定因素增多，检察机关维护国家安全稳定的工作复杂性增大。从广西层面看，广西属于边疆少数民族落后地区，境内外敌对势力针对广西实施渗透破坏活动不断，对敌斗争形势复杂；反恐防恐工作仍面临"堵外逃、防回流"的双重压力，暴恐袭击威胁增大；经济犯罪高位运行，成为影响社会稳定的重要风险源；矛盾纠纷量大面广，一些信访问题仍较突出，社会风险高；社会治理隐患突出，重大恶性刑事案件和个人极端事件时有发生，严重影响人民群众安全感；网络安全风险加剧，境外敌对势力恶意编造传播政治谣言及新型网络违法犯罪大量涌现，对网络安全管理提出很大挑战。

广西检察机关作为党领导下的政法机关，面对国内外风险挑战明显增多的复杂局面，如何增强忧患意识、责任意识，防控风险、服务发展，破解难题、补齐短板，提高维护国家安全和社会稳定的能力水平，促进形势向好、向我有利方向发展，履行好维护社会大局稳定和保障人民安居乐业的职责使命都面临着一系列新课题新考验。

三、人民群众对公平、正义、民主、法治、安全、环境日益增长的需求给检察工作提出了新的更高要求

党的十九大报告指出，"中国特色社会主义进入新时代，我国社会主要矛盾已经转化为人民日益增长的美好生活需要和不平衡不充分的发展之间的矛盾"。人民对美好生活的向往，不仅对物质文

化生活提出了更高要求，而且在民主、法治、公平、正义、安全、环境等方面的要求也日益增长。习近平总书记强调："要把体现人民利益、反映人民愿望、维护人民权益、增进人民福祉落实到依法治国全过程，使法律及其实施充分体现人民意志。"这些重要论断和重要指示为检察机关满足人民群众在民主、法治、公平、正义、安全、环境等方面的日益增长的需求提出重要指引。近年来，党中央和最高人民检察院、自治区党委对满足人民美好生活需要、提供优质法治产品、检察产品作出重大决策部署。广西检察机关紧抓机遇，始终坚持以人民为中心的发展思想和全心全意为人民服务的根本宗旨，把群众观点、群众路线深深植根于司法办案中，秉持和坚守客观公正立场，把新时代人民对美好生活的向往和在民主、法治、公平、正义、安全、环境等方面的更高需求作为一切检察工作的出发点、落脚点，作为检察领域供给侧结构性改革的主攻方向，转变司法理念、创新司法方式，着力解决人民群众在司法领域最关心最现实的利益问题，为全社会提供更多更优更实的法治产品、检察产品，不断增强人民群众的获得感、幸福感、安全感，筑牢党在广西长期执政的群众根基，也为广西检察事业全面协调充分发展进一步夯实了工作基础。

同时，也应清醒认识到，尽管广西检察机关在满足人民美好生活需要、提供优质法治产品、检察产品等方面已取得长足进步，但与党中央和最高人民检察院、自治区党委的要求相比，与人民群众和社会各界的期待相比，还存在一定的差距。最高人民检察院张军检察长指出，满足人民群众民主、法治、公平、正义、安全、环境等方面的新需求，与过去抓生产效果立竿见影完全不一样，谈何容易！当前，在多重困难交织下，广西经济下行压力持续加大，营商环境尚未得到根本改善，民营企业发展面临不少问题，金融等领域重大风险隐患依然存在，实现全面脱贫任务十分繁重等。检察机关作为国家的法律监督机关，为发展服务、为人民司法，是检察机关的政治责任，也是检察工作创新发展的重要牵引，各项工作必须建立在对这些矛盾问题的精确辨别和全面把握上，这些都需要政治智慧和法律智慧予以解决。同时，人民群众对法治与司法的新需求，不仅涉及刑事检察，也更多地涉及民事检察、行政检察、公益诉讼检察，必须优化检察资源配置，构建新时代法律监督新格局，所以新时期深化检察供给侧结构性改革，努力为广西经济社会发展和广大人民群众提供优质高效的法治产品、检察产品还需结合实际工作进一步落地落实。

四、深化司法体制综合配套改革，推动检察工作全面协调充分发展，仍然任务繁重

党的十九届四中全会《决定》为全面深化改革系统集成、协同高效提供了根本遵循，明确提出深化司法体制综合配套改革，完善审判制度、检察制度，全面落实司法责任制，加强对司法活动的监督的要求。这是新时代司法检察改革的任务书和路线图，检察机关要认真思考、扎实落实，努力推动中国特色社会主义检察制度更加成熟，更好地保障司法公正高效权威。第十三届全国人大第二次会议通过了《关于最高人民检察院工作报告的决议》指出："全面深化司法体制改革，加强过硬队伍建设，更好发挥人民检察刑事、民事、行政、公益诉讼各项检察职能，为决胜全面建成小康社会提供更高水平司法保障。"这表明，最高人民检察院提出的"四大检察"监督职能得到了最高国家权力机关的认同与肯定，标志着检察机关法律监督体系、职能运行模式的重塑与基本定型，对丰富和发展中国特色社会主义检察制度具有里程碑的意义。最高人民检察院对司法体制综合配套改革与内设机构改革作出重大部署，颁布发行《2018—2022 年检察改革工作规划》，从检察机关坚持党的领导制度、法律监督、检察权运行等六大职能体系描绘了检察改革的路线图，为检察机关在新时期对标落地落实各项改革任务提供了新机遇。最高人民检察院张军检察长明确指出，国家治理体系和治理能力现代化的过程就是不断改革、发展、完善的过程；检察机关既要服务保障国家治理体系和治理能力现代化，更要注重加强自身建设，同步构建起科学高效的检察管理体系。检察机关经历监察体制

改革和司法体制改革后，形势发生了积极的新变化，新时代检察工作转型发展，是推进国家治理体系和治理能力现代化的要求，这对广西检察机关而言既是历史必然，更是历史机遇。

当前，全面深化司法改革已进入系统性、整体性变革的新阶段，改革的复杂性、敏感性和艰巨性更加突出。习近平总书记在深化党和国家机构改革总结会议上强调，完成组织架构重建，实现机构职能调整，只是解决了"面"上的问题，真正要发生"化学反应"，还有大量工作要做。目前，广西检察机关深化司法体制综合配套改革，仍然面临着完成"精装修"工程等各项艰巨任务，也还存在不少短板和不足，特别是面对更多的攻坚任务、"硬骨头"，推进力度有待进一步加大，比如内设机构改革后检察官办案规范性建设仍需加强、捕诉合一后检察官办案理念及办案方式仍需进一步转变、检察官单独职务序列配套职业保障还没有完全到位、新型监督制约机制还不够健全、检察管理尚需进一步优化等。对于以上短板和不足，全区检察机关如何进一步深化司法体制综合配套改革，完善检察制度，全面落实司法责任制，加强对司法活动的监督，确保司法公正高效权威，努力让人民群众在每一个司法案件中感受到公平正义，仍然任重道远。

五、全面从严治党工作的深入推进对检察机关全面从严治检的要求更加严紧硬

党的十八大以来，随着全面从严治党不断深入，反腐败斗争形势经历了从"腐败和反腐败呈胶着状态"到"压倒性态势正在形成""压倒性态势已经形成"，再到"取得压倒性胜利"的阶段变化。但是，反腐败斗争取得压倒性胜利，并不代表取得彻底性胜利。习近平总书记在十九届中央纪委二次、三次全会上，对反腐败斗争形势进行了深刻分析，反复强调形势依然严峻复杂，全面从严治党永远在路上，决不能"刀枪入库、马放南山"，要求对存在腐败问题的，发现一起坚决查处一起。党的十九届四中全会指出，要完善全面从严治党制度，坚持党要管党、全面从严治党，增强忧患意识，不断推进党的自我革命，永葆党的先进性和纯洁性。最高人民检察院张军检察长在全国检察长会议上强调，要把全面从严治党持续引向深入，把业务性极强的政治建设和政治性极强的业务建设力推到位，锻造"四个铁一般"的检察铁军。广西检察机关要适应新形势新情况新任务新要求，加强过硬检察队伍建设，将全面从严治党、全面从严治检要求贯彻落实司法办案始终，切实担负起新时代法治使命。自治区党委办公厅印发了《关于进一步激励广大干部新时代新担当新作为的实施意见》等系列文件，自治区人民检察院出台《关于加强新时代广西检察队伍建设的意见》等规定，这些重要文件和规定将为广西检察机关把全面从严治党、全面从严治检持续引向深入，在新时代着力打造革命化正规化专业化职业化检察队伍提供坚实制度保障。

司法责任制改革后司法权运行方式发生重大变化，检察官办案自主权增大，与之相适应的新型监督管理等机制还不够健全，一定程度上司法办案廉政风险有所上升，检察机关在强化政治担当、履行主体责任，落实全面从严治党、全面从严治检责任，努力建设过硬检察队伍面临新形势新情况，如何确保检察官积极用权、防止权力滥用是需要深入研究的新的重要课题。从最高人民检察院巡视、国家审计署审计监督情况及司法实践看，广西检察队伍建设仍然存在不少亟待解决的问题和困难。比如，内设机构改革后对检察队伍政治素质、业务素质和职业道德素质提出更高要求，如何把旗帜鲜明讲政治要求落实到具体工作中；如何坚持不懈抓党建带队建促业务；如何深入贯彻习近平新时代中国特色社会主义思想，适应改革需求开展分类分岗建设标准化培训；如何抓好"关键少数"，形成以上率下、示范引领的"头雁效应"；如何强化纪律作风建设，不断释放越往后监督执纪越严的强烈信号；等等。这些问题都需要加大研究和解决力度。此外，推进检察队伍和基层基础建设，也仍然面临编制紧缺、业务指导有待加强、保障不足、现代科技应用与检察工作深度融合不够等诸多亟待破解的难题。对这些问题，广西检察机关将高度重视并持续努力改进。

2020年广西检察工作发展思路及展望

2020年是我们党带领全国人民全面建成小康社会，实现"两个一百年"奋斗目标的第一个百年奋斗目标的收官之年。服务保障全面建成小康社会实现第一个百年奋斗目标，检察机关使命光荣、责任重大。广西检察机关将以习近平新时代中国特色社会主义思想为指导，以全面贯彻党的十九届四中全会精神为重点，认真贯彻习近平总书记对广西工作的重要指示精神，认真落实中央政法工作会议、全国检察长会议精神，坚持党对检察工作的绝对领导，增强"四个意识"，坚定"四个自信"，坚决维护习近平总书记党中央的核心、全党的核心地位，坚决维护党中央权威和集中统一领导，坚持以人民为中心的发展思想，按照建设壮美广西、共圆复兴梦想的总目标，持续深入落实"三大定位"新使命和"五个扎实"新要求，解放思想、改革创新、扩大开放、担当实干，推动各项检察工作全面协调充分发展，为全面建成小康社会，推动经济持续健康发展和社会大局和谐稳定提供有力司法保障。

一、主动服务党和国家工作大局，为全面建成小康社会贡献检察力量

无论哪个历史时期，无论形势如何发展变化，检察机关服务大局的基本职责始终不变。习近平总书记反复强调，政法工作要放到党和国家工作大局中谋划。广西检察机关将充分发挥法律监督职能作用，聚焦党和国家工作大局，保障经济社会发展大局稳定，为2020年全面建成小康社会，加快建设壮美广西、共圆复兴梦想作出更大的贡献。

以更高的站位维护国家政治安全和社会稳定。坚持把维护国家

政治安全放在第一位，强化检察环节保安全、护稳定各项措施，特别是从更高的政治站位依法办理各类危害国家安全、严重危害社会秩序的影响性案件，确保社会大局稳定。针对境内外敌对势力联手发难的新形势新动向，用好法律手段，用足法治武器，坚决服务、服从国家政治安全大局。立足检察职能，始终保持对分裂势力、敌对势力和危害政治安全犯罪的严打高压态势，依法严厉打击各类危害社会治安、破坏经济发展、严重影响人民群众获得感、幸福感、安全感的犯罪，努力建设更高水平的平安广西、法治广西。

以强烈的政治担当推进扫黑除恶专项斗争。扫黑除恶专项斗争是党中央立足于夯牢执政根基、净化政治和社会生态而部署实施的一个重大举措，更是一整套涵盖惩治腐败、加强基层组织建设、深化社会治理的百年大计。目前扫黑除恶专项斗争已进入三年预期目标的实现之年。张军检察长指出，随着专项斗争的深入开展，前期处于侦查阶段的案件将陆续转移到起诉和庭审阶段，检察机关的办案任务更重、压力更大。广西检察机关将突出把握好专项斗争进入检验证据质量、考验司法能力的法律交锋阶段的特点，持续加强办案攻坚能力。一是从讲政治的高度落实"一个不放过、一个不凑数"的办案质量要求，充分发挥检察办案一体化优势，以市域为单位集约配置检力资源，确保按照"诉得出、判得了"要求依法从速办理，避免在检察环节贻误战机、影响专项斗争成效。针对案件退补率高和办案周期长等突出问题，充分发挥提前介入、捕诉一体、检警协作等办案优势，努力在侦查阶段做到证据确实充分。注意加强与法院的沟通配合，重大案件力争在起诉之前统一司法标准。二是抓住"破网打伞"这个难点认真履行职责。"破网打伞"既是衡量打深打透、除恶务尽的一个重要标尺，同时也是考量检察机关担当作为的重要指标。严格将摸排"保护伞"线索作为办案必经环节的要求落地落实，加大"破网打伞"力度，高度重视在专项斗争中对移送纪委监察部门后未收到反馈的"保护伞"线索的问题，严格落实"一案三查""两个一律"等制度，对应当发现而没有发现、应当查处而没有查处的，依法依纪追究责任。紧盯移送问题线索查办情况，完善问题线索办理反馈机制，适时监督不立案、不捕不诉案件、捕后变更强制措施案件、"另案处理"等案件，防止犯罪分子逃避打击。三是抓住"打财断血"这个关键，完善工作机制。认真贯彻落实"两高两部"黑恶案件财产处置意见，加大"打财断血"的工作力度，深挖根治。一方面，在审查逮捕环节，注意引导公安机关深挖涉案违法经济源头和利益链条，坚持查扣显性"黑财"和深挖隐形"黑财"相结合，彻底摧毁黑恶势力犯罪的经济基础。在审查起诉环节，注意坚持对涉黑涉恶财产的审查与对案件证据的审查相结合，查明案件事实，查清涉案财产，在起诉书中充分阐述指控犯罪事实。另一方面，加强对涉黑涉恶财产扣押、冻结、处置的监督。特别注意甄别扣押财产的性质，严格区分黑恶财产与合法财产、股东个人财产与企业法人财产。对侦查机关依法应当移送而未随案移送涉案财产的，坚决提出纠正意见；对需要继续追缴或者尚未足额查封、扣押的财产提出处理意见建议，同时加大对涉黑恶财产刑的监督执行力度，努力铲除黑恶势力的经济基础。

以更高的责任感服务保障打赢新冠肺炎疫情防控阻击战。针对当前新冠肺炎疫情防控严峻形势，坚决贯彻落实习近平总书记重要指示精神，抓紧抓实抓细疫情防控工作，统筹做好各项检察工作。要充分发挥检察职能作用，依法严厉打击涉疫情刑事犯罪，依法快捕快诉、形成震慑。重点严惩利用疫情哄抬物价、囤积居奇、趁火打劫、制售假劣药品、医疗器械、医用卫生材料，暴力伤医、打砸医疗设施、妨害公务等违法犯罪行为。要加强与纪检监察、公安、法院等办案部门的沟通协调，确保办案各环节畅通，提高办案质量和效率。要加强与公安、林业、市场监管、农业农村、卫健委等部门的配合协作，加大对疫情防控工作中相关行政执法行为的法律监督，促进行政职能部门提高依法防控、依法治理的能力和水平。要聚焦源头防控，严惩非法捕猎野生动物的行为，积极稳妥探索开展野生动物保护领域的公益诉讼。疫情缓解后，重点做好涉案纠纷化解、社会综合治理等相关工作，切实维护社会稳定。

以更加精准的司法手段服务打好三大攻坚战。一是更加精准防范化解重大风险。防范化解重大风险是全面建成小康社会的重要保障。当前金融诈骗、破坏金融管理秩序犯罪，特别是非法吸收公众存款、集资诈骗、传销等涉众型经济犯罪积累的金融风险仍处于高发期。涉众型经济犯罪既涉及金融安全，又涉及社会稳定，检察机关将进一步完善与金融机构、行业监管部门协调配合机制，采取刑事、民事、行政等手段综合施策，把依法办案、追赃挽损、维护稳定结合起来，防止经济金融风险演化为政治、社会风险。主动协助金融监管部门落实最高人民检察院"三号检察建议"和自治区人民检察院发出的检察建议，抓好办案常态化分析，总结多发、新发金融犯罪特征，主动向主管部门和社会公众提示金融风险，推动完善及时防范和查处机制，助力标本兼治。二是更加精准服务脱贫攻坚战。最高人民检察院张军检察长强调，脱贫是全面建成小康社会的重中之重，是今年必须完成的硬任务。2020 年广西还有 24 万左右的农村贫困人口需要脱贫。全区三级检察院将结合打虎拍蝇，坚决惩治扶贫领域腐败犯罪，发挥教育、震慑作用。推动建立健全扶贫领域涉案款物快速返还机制，充分发挥追回资金的效用。围绕返贫人口和新发生贫困人口帮扶，认真落实好司法救助支持脱贫攻坚实施意见，对因案致贫、因案返贫的刑事被害人及其家属应救尽救、应救即救。持续加大对凤山县等深度贫困地区检察工作支持力度，促进打好年度必须完成的脱贫攻坚任务。三是更加精准打好污染防治攻坚战。以深入贯彻自治区人大常委会《关于加强检察机关公益诉讼工作的决定》为契机，认真落实中央经济工作会议"依法治污"要求，充分发挥检察机关惩治预防犯罪、民事行政诉讼监督、公益诉讼等各项职能，更加精准打好污染防治攻坚战。认真落实党的十九届四中全会明确提出"完善生态环境公益诉讼制度"的部署要求，突出办理生态环境和资源保护领域的公益诉讼案件，加强总结推广，助力全面建成小康社会。

以更大的力度服务保障经济高质量发展。针对服务保障经济高质量发展与党中央和最高人民检察院、自治区党委的更高要求有差距的问题，进一步从严惩处危害社会主义市场经济秩序犯罪，维护依法经营、诚信经营的社会主义经济秩序。结合司法办案，以更加有力的措施平等保护民营经济健康发展。最高人民检察院张军检察长明确指出，当前形势下，服务保障民营经济发展决不是简单的经济问题、法治问题，更是民生问题、政治问题！广西检察机关将以更高的政治站位、更强的政治和法治自觉落实好习近平总书记强调的"三个没有变"，以更大力度认真贯彻中共中央、国务院《关于营造更好发展环境支持民营企业改革发展的意见》（以下简称《意见》）关于"健全平等保护的法治环境"要求和最高人民检察院有关"检察机关办理涉民营企业案件有关法律政策问题解答"11 条，深入将《意见》和"11 条解答"提出的政策把握和办案要求落实到检察专项活动或者重点工作中，坚持依法惩处与平等保护相结合，依法保护民营经济合法权益。一方面，以更大的力度保护民营企业和企业家合法权益，依法切实做到"能不捕的不捕、能不诉的不诉、能不判实刑的就提出宽缓量刑建议"要求。注意加强与各级工商联沟通，及时发现和解决执法司法不当引起的损害民营企业和民营企业家合法权益问题。进一步加强对下业务指导和工作督促职责，通过检查督导、派人指导、调研座谈、现场推进会以及强化办案指引等多种形式，明实情出实招，帮助基层检察院解决服务发展的困难和问题。另一方面，采取更有效措施推动民营企业和民营企业家筑牢守法合规经营底线。对那些必须捕、必须诉特别是涉黑涉恶、罪行严重的民营企业和民营企业家，坚决依法严厉惩治。注重引导合理预期，更加重视加强典型案例总结，注重发挥典型案例的警示教育作用，注重引导民营企业家依法经营、诚信经营，依法依规维护自身合法权益。

以更高的要求服务保障"一带一路"建设。立足"南向、北联、东融、西合"开放发展总体布局，重点围绕自治区重大发展战略，聚焦西部陆海新通道建设、全面对接粤港澳大湾区、中国（广西）自由贸易试验区等重大工程、重大项目，深入开展调研，积极建言献策，推动广西检察机关在"一带一路"建设中发挥更大作用。充分发挥广西检察优势，深化与东盟国家检察机关的司法合作交流，依法严惩在"一带一路"建设、中国—东盟自由贸易区建设、泛北部湾经济区合作过程中的各类犯罪，为边疆稳定和对外开放合作提供更加有力的司法服务和法治保障。

二、主动融入共建共治共享治理格局，在社会治理体系和治理能力现代化进程中体现检察担当

党的十九届四中全会为完善和发展中国特色社会主义制度标定了方向、描绘了蓝图，吹响了推进国家治理体系和治理能力现代化的时代号角，这对包括检察机关在内的所有政法机关提出了新的更高要求。广西检察机关将主动融入共建共治共享社会治理新格局，共同推进国家治理体系和治理能力现代化。

全面融入和推进市域社会治理现代化。以推进市域社会治理现代化试点为契机，综合运用刑事检察，公益诉讼检察，刑事、民事、行政诉讼监督等职能以及抗诉、纠正违法、检察建议等监督手段，积极参与打击非法集资专项行动和互联网金融风险专项整治，坚决查处利用互联网实施的非法吸收公众存款、集资诈骗、组织领导传销等犯罪。加强对"套路贷"等新型犯罪的调研，聚焦涉黑涉恶犯罪涉足领域"金融化"、实施手段"网络化"等新特点，依法严厉打击"套路贷"、"校园贷"、传销活动中的涉黑涉恶经济犯罪。依法严惩危害食品药品安全犯罪。围绕实施健康中国战略，深化参与全国检察机关落实"四个最严"专项行动，依法从严从快批捕、起诉危害食品药品安全犯罪案件，认真履行立案监督职责，加大力度支持各地对量刑畸轻等案件的抗诉。积极参与打击走私"洋垃圾"专项行动，依法严惩走私废塑料、废矿渣、废五金、濒危动植物等危害环境、消耗国内资源、破坏生态环境的货物犯罪，不断加强民生民利司法保护，增强人民群众的获得感、幸福感、安全感，为建设和管理好壮美广西作出积极贡献。

认真践行司法为民初心使命。适应新时代人民群众对司法服务的更高需求，持续推进和分类指导 12309 检察服务中心建设，着力

为群众提供多层次、全方位、立体式的"一站式"服务。按照最高人民检察院统一部署，积极推进网上信访信息系统 2.0 版的应用，真正做到三级检察院所有信访网上登记、流转、办理、查询、反馈，切实为群众提供就地表达诉求的高效便捷服务。积极推进远程视频接访系统深度应用，着力为群众提供跨越"千里"的面对面服务。落实以人民为中心的要求，提升"群众来信件件有回复"工作质效，坚持做到群众来信"7 日内程序性回复""3 个月内办理过程或结果答复"，始终做到"民有所呼、我有所应"。坚持把化解矛盾纠纷贯穿司法办案始终，正确适用认罪认罚从宽、简易程序、量刑建议以及不批捕、不起诉等机制措施，深化检察环节综合治理措施，结合办案有针对性地提出检察建议。积极引入社会第三方参与化解矛盾纠纷，探索多元化矛盾纠纷化解机制。认真贯彻落实中央政法委《关于建立律师参与化解和代理涉法涉诉信访案件制度的意见（试行）》，积极与司法行政机关、律师协会进行沟通协调，建章立制，确保律师参与化解涉法涉诉信访工作扎实、有序开展。针对检察机关回复、答复质量不高的问题，坚持把以人民为中心的要求落实，探索在申诉案件甚至审查逮捕、审查起诉、羁押必要性审查等其他案件中推行公开听证工作，进一步提升司法检察公信力。

强化未成年人司法保护。针对当前维护未成年人合法权益的严峻形势，加大与教育、公安等部门合作力度，深入开展"护校安园"专项工作，加强校园内安全防范系统建设、健全校园安全风险隐患预警机制、强化校园周边治安综合治理、严厉打击涉校违法犯罪、完善检校合作工作机制，推动检察院领导担任法治副校长举措常态化制度化，进一步落实最高人民检察院"一号检察建议"，努力为广西未成年人健康成长营造良好的外部环境。认真完善相关办案程序，细化办案流程，规范办案行为，秉着"教育、感化、挽救"的方针，坚持"教育为主、惩罚为辅"的原则，在办理未成年人提请逮捕案件和未成年人审查起诉案件中，严格落实未成年人刑事案件办案特殊制度，从关爱未成年人的角度出发，办理案件区别于成年人积极运用未成年人特殊制度，体现对未成年人宽缓的刑事政策，彰显法律的公正与温情。坚持双向保护办案基本原则，既要注重维护涉罪未成年人合法权益，也要切实维护未成年被害人的权益，维护好社会秩序和公共利益，努力实现双向保护的平衡、协调，确保办案"三个效果"有机统一，实现双赢多赢共赢。当案件双方都是未成年人时，无论是惩治还是预防，无论是刑事追诉还是民事处罚，都要注意充分保障未成年人被害人合法权益。对符合法定条件的轻微刑事案件，要发挥检调对接平台作用，用好司法救助，让未成年被害人及其家属感受到检察司法温暖，促进双方当事人达成和解。结合司法办案，进一步加强与政府部门、社区、企业以及社会组织的沟通联系，逐步推动政府购买服务，吸纳社会资源和专业力量介入未成年人司法保护，为未成年人提供专业的心理疏导、社会调查、考察帮教等服务，大力推动未成年人检察工作社会支持体系建设。

持续加强对特殊人群的帮教与救助。用心做好刑事被害人救助工作，加大对困难刑事被害人的司法救助力度，推动建立和完善广西司法救助经费保障长效机制，推进司法救助与法律援助、社会救助有机衔接，依法保障弱势群体合法权益。加强与法院、公安、民政、教育、劳动、卫生、残联、妇联、团委等部门衔接，推动形成司法救助、政府救助、社会救助整体联动的工作格局，提升救助的效果。聚焦拖欠农民工报酬突出问题，加强对农民工合法权益的保护，充分发挥督促履职、诉讼监督、支持起诉等检察职能，采取健全制度机制、推动工作落实、汇聚各方力量、形成工作合力等措施，积极协助解决农民工讨薪难问题，确实维护农民工合法权益。聚焦环境、教育、就业、医疗、居住、公共安全等民生领域，重点保护妇女儿童、老年人、残疾人等特殊群体合法权益，突出办理涉及人民群众最关心最直接最现实的利益问题的案件。

三、适应国家治理体系和治理能力现代化目标要求，推动"四大检察"全面协调充分发展

国家治理体系和治理能力现代化的过程是一个不断改革、发展、完善的过程，检察机关要更好地保障司法公正高效权威，必须持续转变司法检察理念，努力推进"四大检察"全面协调充分发展，这是检察机关法律监督实务创新发展的任务要求。广西检察机关将坚持以满足人民群众日益增长的法治需求为目标，认真贯彻刑事诉讼法、人民检察院组织法、检察官法等法律法规，进一步促进全区检察工作创新发展。

持续转变司法检察理念，引领检察工作创新发展。针对司法观念尚未适应新形势需要的现状，持续引领全区检察机关转变司法检察理念、创新监督办案方式，始终牢记"检察官既是犯罪的追诉者，也是无辜的保护者，更要努力成为中国特色社会主义法律意识和法治进步的引领者"要求。按照检察官法要求，秉持客观公正立场，践行公平正义要求，不断提高客观公正办案能力，追求最佳的办案质量、效率、效果。针对主题教育发现、巡视整改、审计监督等问题，坚持问题导向、强弱项、找差距、补短板，强力推进重点工作，脚踏实地做优刑事检察、做强民事检察、做实行政检察、做好公益诉讼检察工作，推动"四大检察""十大业务"全面协调充分发展。坚持以办案为中心，综合运用抗诉、纠正违法、检察建议等监督手段，着力纠正执法不严、司法不公问题，维护司法公正和法治权威。坚持严把案件事实关、证据关、法律适用关，严守防止冤错案件底线。

履行好指控证明犯罪主导责任，做优刑事检察。刑事检察在检察机关法律监督中居于重要地位，推动"四大检察"全面协调发展，需要进一步做优刑事检察。以贯彻执行修改后的刑事诉讼法和刑事诉讼规则为契机，持续深化捕诉一体改革，聚焦职能优化，突出专业化导向，全面科学把握审查逮捕、审查起诉和诉讼监督工作的新要求、新方法，优质高效履行刑事检察职能。重视"案－件

比"评价指标体系的导向作用，完善退回补充侦查开列清单制度，进一步解决退补率居高不下问题。认罪认罚从宽制度作为检察机关在刑事诉讼中履行主导责任、发挥主导作用的典型制度设计，要得到全面推进和落实，进一步提高其适用率。针对精准量刑难的问题，探索研究细化量刑指引，坚持认罪认罚案件庭审简化但不虚化，侧重对被告人认罪认罚是否属于真实自愿的审查，加大对人民法院生效判决的分析研究，掌握量刑规律，提升量刑建议的精准度。围绕值班律师制度落实不到位问题，积极争取党委政府支持，进一步完善制度机制，力争将值班律师补贴纳入法律援助业务经费开支范围，确保律师值班制度落地落实。坚持在监督中办案、在办案中监督，进一步强化诉讼监督。针对刑事犯罪逮捕率和审前羁押率虽逐年下降但总体上始终保持在高位、捕后羁押必要性审查建议变更强制措施率仍然较低的问题，适应国家治理现代化要求，进一步树立"少捕慎诉"理念，逐步降低逮捕率、审前羁押率。针对当前存在的重配合协调而制约、监督不够硬气等问题，正确认识和处理好捕、诉与监督关系，自觉将立案监督、侦查活动监督融入捕、诉工作，探索推进市县公安机关执法办案管理中心派驻检察机制改革，着力加强对立案监督、侦查活动监督。针对办案中发现的倾向性、普遍性问题，更加重视、更加主动提出类案监督、宏观监督。进一步拓展巡回检察的深度和广度，做实做好刑事执行监督，促进监管问题解决。进一步健全完善与监察机关工作衔接机制，依法办理职务犯罪案件，认真履行检察机关对14项司法人员职务犯罪的侦查职责，加大办案力度，持续在巩固发展反腐败斗争压倒性胜利中发挥检察机关的更大作用。

落实精准监督，补强民事、行政检察短板。正确认识民事、行政检察工作面临的新形势、新任务，全面履行民事、行政检察监督职责，着力强化精准监督，突出民事、行政检察特色品牌。立足精品案件办理，加大民事诉讼监督力度，力求最终实现"案结事了人和"。继续推进虚假诉讼领域深层次违法行为监督专项活动，认真总结虚假诉讼的特点和规律，主动与法院、公安等协作配合，探索建立联合防范、发现和制裁机制，促进、支持、配合法院从内部审判机制、检法协同上强化防范虚假诉讼机制建设。加强民事检察案源机制建设，探索搭建民事案件互联网咨询平台，持续拓展当事人申请执行监督的案源渠道，充分借助"外脑"，帮助提升办案人员的素质能力。针对行政检察"一手托两家"的特点，加强行政诉讼监督案件的办理力度，做到精准，抓好典型性、引领性案件的监督。继续组织开展行政争议实质性化解专项监督活动，提出精准监督意见和建议，着力保障人民群众在行政争议中的合法权益，推进法治政府和诚信政府建设，努力实现"案结事了政和"。进一步完善行政执法与行政检察协作机制，开展对行政非诉执行的专项监督，探索行政非诉执行监督工作与公益诉讼工作的衔接机制。加强与人民法院沟通配合，积极争取各级党委、人大、政府的监督支持，不断优化行政检察监督外部环境，争取达到双赢多赢共赢的效果。

做好公益诉讼检察，积极稳妥拓展办案领域。自觉把公益诉讼置于地方党委政府工作大局中谋划和部署推进，找准服务保障发展的着力点。针对地区不平衡和案件结构不平衡的问题，围绕生态环境和资源保护、食品药品安全等领域治理，进一步加大办案力度，把法律明确赋权"4＋1"领域案件办好办扎实。按照民事诉讼法、行政诉讼法以及自治区人大常委会《关于加强检察机关公益诉讼工作的决定》确定的公益诉讼案件范围"等"外规定，及时跟进党委政府关注、人民群众反映强烈的安全生产、未成年人权益保护、网络侵害、扶贫、文物、文化遗产保护和野生动物保护等领域侵害公益的问题，积极稳妥扩展公益诉讼新的案件范围，为完善立法提供实践依据。针对基层办案力量薄弱的问题，进一步加强全区三级检察院统筹，既适当补充一线办案力量，优化专业化办案组织，又加强辖区内办案力量统一调配，集中优势力量办好重大案件。针对检察理论研究供给与检察实务差距很大的现实，大力加强公益诉讼基础理论、运行规律和案件特殊性的研究，通过干部交流，探索建立行政机关专业人员兼任检察官助理制度，切实提升线索发现、调查取证、督促检察建议落实等办案能力。及时回应社会各界的迫切期待，大力加强案例指导，总结和发布公益诉讼典型案例，适时开展破坏生态环境案件警示教育活动，积极推动依法行政、建设法治政府。

优化检察科学管理，全面落实司法责任制。围绕检察管理适应国家治理体系和治理能力现代化的目标，同步构建起科学高效的检察管理体系，着力深化司法体制综合配套改革。深入贯彻落实政法领域全面深化改革推进会精神以及党中央出台的《关于政法领域全面深化改革的实施意见》、最高人民检察院《2018—2022 检察改革工作规划》要求，聚焦"四大检察"坚持不懈补短板、强弱项。以内设机构改革后职责、业务、人员深度融合为抓手，巩固内设机构改革成果，进一步优化检察机构职能体系。认真贯彻《省以下人民检察院检察官员额动态调整指导意见》，加强全区统筹管理、动态调整行政编制和员额比例，探索建立跨地市遴选检察官制度，优化检力资源配置。推动和落实聘用制书记员招录制度改革，强化办案一线检力资源供给，助力解决全区检察机关特别是基层检察院编制紧缺问题。统筹推进以审判为中心的刑事诉讼制度改革等各项改革举措，完善检察权运行监督管理机制，落实司法责任追究，充分发挥改革协同作用。认真贯彻《检察机关案件质量主要评价指标》，落实好"案－件比"质量指标评价体系，防止、减少程序空转，努力在实践中追求、实现司法为民的最佳效果。加强规范和优化法律文书，切实以高质量的法律文书展现检察官综合业务能力、落实司法办案载体，服务好办案、服务好社会。适应统一法律适用的更高要求，通过综合运用典型案例、指导性意见、会议纪要等多种形式，加强司法政策引领，统一司法办案尺度，维护国家法制统一、尊严和权威。严格落实《人民检察院检察官员额退出办法》，进一步完善员额退出和检察官惩戒机制，让能力不能适应办案需要、业绩不达标的检察官退出员额，真正把检察官办案的担子压实，把办案的责任压实，把司法责任制落到实处。立足人民群众对司法公开的新期待、新需求，深入贯彻落实党的十九届四中全会关于"坚持权责透明，推动用权公开，完善党务、政务、司法和各领域办事公开制度"的决策部署，从国家治理层面的高度，认真落实业务数据发布和办案情况公开制度，让司法办案更加公开透明。

四、加强检察队伍建设，推进检察监督能力现代化

70年来，检察队伍从小到大、由大到强，为人民检察事业发展进步提供了坚实的人才支撑和组织保障。面对新时代检察工作任务更重的情况，广西检察机关将坚持以党的政治建设为统领，把全面从严治党、全面从严治检持续引向深入，把业务建设作为政治性工作下大力气抓好抓实，着力锻造"四个铁一般"的检察铁军。

旗帜鲜明把党的政治建设摆在首位。持续强化习近平新时代中国特色社会主义思想对检察工作的根本引领，深刻领会习近平总书记对政法工作、检察工作作出的一系列重要讲话和指示批示精神，把增强"四个意识"、坚定"四个自信"、做到"两个维护"作为做好检察工作和队伍建设的基本遵循，以高度的政治自觉、法治自觉、检察自觉做好表率。始终坚持党对检察工作的绝对领导，严守政治纪律和政治规矩，深入贯彻党的十九届四中全会对坚持和完善党的领导制度体系作出的决策部署，坚决执行《中国共产党政法工作条例》以及向党委和上级检察院请示报告重大事项等制度，加大政治巡视、政治督察力度，把好政治方向，确保检令政令畅通。以巩固、深化、拓展"不忘初心、牢记使命"主题教育成果为抓手，以贯彻落实党的十九届四中全会精神为重点，常态化开展习近平新时代中国特色社会主义思想学习研讨培训，不断强化政治自觉、政治定力、政治历练、政治担当，主动把党章党规的基本要求作为日常工作的基本遵循，把讲政治的要求落实到具体职责、具体工作中，落实到司法办案各个环节。加强检察机关党的建设，突出政治功能，进一步激励干部担当作为，不断完善抓党建带队建的机制和措施，更好发挥党组织在司法办案中的政治核心作用。

突出新时代正确选人用人导向。按照习近平总书记提出的

"信念坚定、为民服务、勤政务实、敢于担当、清正廉洁" 20 字标准，突出政治标准，树立正确选人用人导向。认真贯彻《2019—2023 年全国党政领导班子建设规划纲要》明确的年龄梯次配备、专业优势互补等要求，进一步加强各级检察院领导班子和内设机构班子建设。着力提升领导干部素能，进一步分层分批开展领导干部素能培训。积极拓展检察官、检察辅助人员和司法行政人员发展通道，明确职业发展空间，不断激发检察队伍的生机活力。针对市县检察院领导班子年龄结构老化、"青黄不接"的问题，坚持把年轻干部队伍建设摆在优先发展的战略位置，以长远眼光、宽广视野，进一步完善制度机制，努力建设一支新人辈出、源源不断的高素质检察后备军。

深入抓好政治性很强的业务建设。结合内设机构改革后检察业务发生新变化的实际，开展大规模、精准化的业务培训和专业化能力建设。严格落实政治建设融入业务培训、领导干部上讲台、检察官教检察官等要求，建立检察教育培训工作联席会议、工作会商、联合调研等机制。紧扣人民检察院组织法、刑事诉讼规则等法律法规修改，进一步优化、改进教育培训方式，重点加强专题培训，实现培训全员覆盖。坚持和完善分层分类培训，积极探索深化法官、检察官、警官、律师一体化培训，进一步拓展范围，着力构建更高水平的法律职业共同体。充分运用专家咨询委员会和"检答网"，坚持把专家讨论案件的过程以及"检答网"的问答作为重要的业务培训，全面提升检察官业务能力和水平。持续推进和深化与行政机关互派干部交流挂职，以及检察系统内互派干部跨省交流、省内交流工作，以更大力度培养锻炼各层级、各类型干部。进一步模范践行社会主义核心价值观，大力加强检察文化建设，培养新时代检察职业道德和职业操守，努力建设一支"不忘初心、牢记使命"的检察队伍。

持续推进全面从严治检。深入贯彻《中国共产党纪律处分条例》，认真落实述职述廉、谈话函询和领导干部报告个人有关事项等党内监督制度，压实管党治党责任。严格落实中央八项规定精神及实施细则，加强各类人员监督管理，严格八小时外监督，采取重要时间节点明察暗访、会风会纪专项督察等方式，及时发现问题、堵塞漏洞，持续纠正"四风"问题。持续贯彻执行"三个规定"，认真落实过问或干预、插手检察办案等重大事项记录报告制度。针对司法责任制改革后司法权运行方式发生重大变化、检察官办案自主权增大、司法办案廉政风险增加问题，强化政治巡察、监督执纪、执法督察，坚决问责整治不担当、不作为甚至贪污腐败、乱作为的"害群之马"，努力营造风清气正、干净担当、干事创业的良好检察政治生态。

始终重视抓基层打基础。最高人民检察院张军检察长明确指出，检察机关80%以上的人员在基层，90%以上的办案在基层，必须把基层基础建设作为新时代检察工作创新发展的重点来抓好抓实。要注重开展新时代基层检察建设工作调研，摸准基层基础建设存在的突出问题，研究提出解决措施。认真谋划新时代基层检察院建设的发展规划，加强分类管理，落实政策措施，把更多资源往基层倾斜、更强力量向基层下沉，切实推动基层检察院更好融入国家治理体系建设。聚焦基层检察建设的突出问题，坚持把检察业务、检察队伍、检察管理、检务保障作为基层检察院建设的重点任务，细化目标任务，全面深入推进。进一步强化基层检察院建设领导责任，压实基层检察院建设主体责任，努力形成检察长牵头抓总、政工部门组织协调、其他部门分工负责的齐抓共管工作局面。适应内设机构改革后对下业务指导的新情况、新需求，进一步建立健全基层检察院建设指导机制，完善和落实领导干部定点联系、业务部门对口指导基层工作机制，整合指导力量和资源，建立健全为基层办实事制度。深刻把握司法活动规律与队伍管理规律，加大对检察队伍的监督管理，落实上下级谈心谈话制度，坚持和完善检察长向上级检察院述职述廉报告工作制度，综合运用派员指导党组民主生活会、系统内巡视巡察等举措，强化上级检察院对下级检察院领导班子、领导干部的监督管理，促进基层检察院政治和业务建设双提升。

主要业务分析报告

普通刑事犯罪检察工作

普通刑事犯罪检察工作是检察机关案件量最大的传统业务。普通刑事犯罪检察部门主要职责是办理故意伤害、非法拘禁、盗窃、抢夺、赌博等普通刑事案件的审查逮捕、审查起诉、出庭支持公诉、抗诉,开展相关立案监督、侦查监督、审判监督以及相关案件的补充侦查,办理管辖范围内相关刑事申诉案件。2019 年,广西检察机关普通刑事犯罪检察部门贯彻党中央和最高人民检察院、自治区党委决策部署,深化捕诉合一办案机制,强化和落实刑事诉讼检察官主导责任,建立新型的"案-件比"考评机制,深入推进扫黑除恶专项斗争,全面落实认罪认罚从宽制度,服务和保障三大攻坚战,运用政治智慧、法律智慧、检察智慧实现检察办案政治效果、法律效果和社会效果相统一。

一、基本情况

2019 年,广西检察机关受理审查逮捕普通刑事犯罪案件 42383 人,审查后依法批准和决定逮捕 33532 人,同比上升 1.75%;不批准逮捕 8610 人,同比上升 4.67%。受理审查起诉普通刑事案件 43865 人,审查后依法提起公诉 38477 人,同比上升 6.56%;不起诉 2657 人,同比上升 37.84%。人民法院同期作出生效有罪判决 28578 人。组织开展评选扫黑除恶精品检察建议的经验做法得到全国人大代表充分肯定并获最高人民检察院转发;推进全面落实认罪认罚从宽制度的相关做法得到最高人民检察院肯定;获评"2017—2018 年度建设平安广西活动先进单位""2019 年广西工人先锋号";戴丽萍同志荣获"全国五一巾帼标兵"荣誉称号。

（一）涉黑恶犯罪、侵犯公民人身权利、民主权利犯罪和侵犯财产犯罪发案率下降，人民群众安全感更有保障

受理涉黑恶犯罪案件同比下降 49.4%，侵犯公民人身权利、民主权利犯罪案件同比下降 0.94%，侵犯财产犯罪案件同比下降 9.27%。其中，故意伤害、非法拘禁、盗窃、抢夺等常见多发罪名案件持续下降，人民群众人身安全、财产安全更有保障。

（二）整治黄赌犯罪案件量增加，社会风气得到有效遏制

在"不忘初心、牢记使命"主题教育中，自治区人民检察院部署开展对黄赌毒和黑恶势力问题专项整治，持续加大对黄赌犯罪打击力度，受理赌博案件同比上升 29.9%；组织、强迫、引诱、容留、介绍卖淫案件同比上升 61.1%；制作、贩卖、传播淫秽物品案件同比上升 100%。刑罚的震慑、预防作用得到充分发挥，社会风气不断净化，积极向上的生活氛围日益形成。

（三）办理民生领域案件更多更高效，不断满足人民群众对美好生活的向往

受理扰乱公共秩序、妨害国（边）境管理秩序案件同比上升 9.4% 和 96.6%，打击力度持续增强，维护社会和谐、边疆稳定。受理妨害司法案件同比上升 18.8%、破坏环境资源案件同比上升 9.8%，维护公平正义和绿水青山更积极主动。在办案过程中注重以"案－件比"为总抓手，实现办案质量与效率相统一，达到双赢多赢共赢的效果。

二、主要做法和成效

（一）推进扫黑除恶专项斗争，坚决清除社会毒瘤

深入贯彻习近平总书记重要指示批示精神，落实最高人民检察院、自治区党委的总体部署，以迎接中央扫黑除恶第 17 督导组对广西开展扫黑除恶专项督导和督导"回头看"为重要抓手，加强组织领导，严格依法办案，坚持以"破网打伞""打财断血"为主攻方向，以持续打击重大黑恶犯罪为工作核心，牢牢把握"深挖

根治"工作目标,不断完善工作方式方法,扎实推进扫黑除恶专项斗争持续深入开展。全年共批准逮捕涉黑涉恶案件 430 件 1334 人,其中批捕涉黑案件 127 件 275 人,涉恶案件 303 件 1059 人。共审查起诉涉黑涉恶案件 376 件 2376 人,其中涉黑案件 65 件 590 人,涉恶案件 311 件 1786 人,没有出现无罪判决现象。专项斗争开展以来,自治区人民检察院共对黎健坤、张树辉、关飞虎等 30 件重大涉黑恶案件进行挂牌督办,对 9 批 45 件重大涉黑恶和"保护伞"案件实行集中起诉,突出打击了一批村霸、路霸、矿霸、海霸、边境蛇头等黑恶势力犯罪团伙。自治区人民检察院崔智友检察长亲自办理桂林市永福县政协原主席刘永祥包庇纵容黑社会性质组织案并出席二审法庭履行职务。在扫黑除恶专项斗争中制发检察建议 296 件,其中制发"打财断血"相关检察建议 142 件,引导、监督、配合侦查机关查封、扣押、冻结涉黑恶案件涉案财产 16.97 亿元。

（二）依法惩治犯罪,守护国家安全安宁,服务打好三大攻坚战

按照最高人民检察院统一部署,开展参与防范打击冒充党和国家机关名义招摇撞骗等违法犯罪专项工作,严厉打击招摇撞骗和冒充军人招摇撞骗犯罪,以及"法轮功""全能神"邪教组织犯罪,切实维护国家政治安全、制度安全和边疆和谐稳定大局。依法惩治侵犯公民人身权利、财产权利和扰乱社会秩序犯罪,全年批准逮捕暴力伤医、"盗抢"、"黄赌"、"套路贷"等严重影响人民群众幸福感、安全感的犯罪 10813 件 14729 人,提起公诉 11022 件 15999 人,着力营造积极健康、和谐稳定的社会环境。深入开展打击整治电信网络诈骗犯罪专项行动,自治区人民检察院成立由院领导牵头、刑事检察部门领导和办案骨干组成的专门工作小组,加强对专项行动的督导。自治区人民检察院参与自治区党委政法委牵头的《关于"民族资产解冻"电信诈骗案件证据收集审查判断工作指引》制定工作,坚决惩治人民群众反映强烈的利用网络传播虚假

信息、倒卖公民个人信息及网络黄赌毒、电信网络诈骗等新型网络犯罪。全年共批准逮捕"民族资产解冻"等各类电信网络新型犯罪案件 941 件 2182 人，提起公诉 713 件 1916 人。妥善办理李某某聚众扰乱社会秩序案等一批涉军、涉众重大敏感风险案件，推动全区检察机关实现办案"三个效果"相统一。抓好中央环保督查"回头看"反馈意见整改相关案件办理工作，加大对破坏环境资源犯罪的打击力度，全年批准逮捕破坏环境资源保护犯罪案件 923 件 1495 人，提起公诉 2553 件 3616 人。对中央环境保护督察固体废物环境问题 8 起案件跟踪督促指导，全部提起公诉。依法从严打击扶贫领域犯罪和"恶意欠薪"等拒不支付劳动报酬犯罪，共批准逮捕侵害进城务工农民合法权益案件和"恶意欠薪"等拒不支付劳动报酬犯罪案件 127 件 179 人，提起公诉 140 件 215 人，切实维护农民工合法权益，助力脱贫攻坚工作。着力打击聚众扰乱企业秩序、寻衅滋事、封门堵路、非法阻工、暴力讨债等侵害企业以及企业家合法权益的违法犯罪行为，批准逮捕相关犯罪案件 180 件 341 人、提起公诉 179 件 442 人，为优化保障营商环境提供优质的检察服务。

（三）落实认罪认罚从宽制度，提升刑事司法文明

认罪认罚从宽制度，是我国新时代刑事司法的一项重大理论和制度创新，充分体现了宽严相济刑事政策、罪责刑相适应原则、证据裁判原则。2019 年 6 月以来，广西检察机关把全面落实认罪认罚从宽制度列入重点工作，全力推动。自治区人民检察院召开全区检察机关推进认罪认罚从宽制度工作视频会议，进一步强化思想认识、压实工作责任。自治区人民检察院牵头起草《关于适用认罪认罚从宽制度的实施细则（试行）》，建立工作实施情况信息研判机制，组建专门研究指导组，出台《常见犯罪精准量刑指引》等操作规则，推动全区检察机关落实好认罪认罚从宽制度。邀请最高人民检察院咨询委员会主任、原副检察长朱孝清，以及宋英辉、卞建林、顾永忠、高景峰、张智辉等著名专家学者讲授认罪认罚从宽制度知识和操作要领。自治区人民检察院与自治区高级人民法院、

公安厅等举行工作会议，就适用认罪认罚从宽制度中的案件移送、犯罪嫌疑人认罪认罚具结书、量刑建议等问题达成共识并形成会议纪要。协调司法行政机关和律师协会，克服多种困难，各地在看守所普遍建立了值班律师制度，保证犯罪嫌疑人能够在律师见证下签署自愿认罪认罚文书。结合"不忘初心、牢记使命"主题教育，认真检视问题，全面梳理全区检察机关办结认罪认罚案件，扩求更多的案件适用认罪认罚从宽制度。这一做法，得到最高人民检察院张军检察长批示肯定。2019 年，广西检察机关对自愿认罪认罚的31597 名犯罪嫌疑人，依法从宽处理，占同期审结案件总人数的48.7%，适用率在全国检察机关中的排名提升了 16 位。

（四）更新刑事检察工作理念，提升刑事检察质效

贯彻最高人民检察院张军检察长提出的"刑事诉讼检察官主导责任""办案追求极致"的新理念，制定《关于加强全区检察机关案件质量管控切实优化"案－件比"的意见（试行）》，把"案－件比"作为办案质效的重要依据抓好抓实，严格控制刑事案件退回补充侦查、延长审查起诉期限等操作，全面提升刑事检察质效。建立以"案－件比"为核心的案件质量管控和考评机制，市县两级人民检察院决定退回补充侦查的权限上提一级，强化刑事案件质量管理。自治区人民检察院组成九个督导小组，由院领导带队赴各地督导，2019 年广西检察机关"案－件比"降低至 1：1.85。加强刑事诉讼监督，切实纠正有案不立、非法取证等侦查违法行为和定罪不当、量刑严重失衡、法律适用错误、审判程序违法和枉法裁判等审判违法行为，守护刑事司法公正。普通犯罪检察工作全年监督公安机关立、撤案1095 件，纠正侦查违法行为 814 次，纠正漏捕 1470 人，纠正漏罪 879 人，漏犯 1658 人，提出抗诉 118 件。

三、2020 年工作发展思路及措施

2020 年，广西检察机关普通刑事犯罪检察部门将以习近平新时代中国特色社会主义思想为指导，深入贯彻落实党的十九届四中全会精神，通过加强专业化建设为人民群众提供更优的刑事检察产

品，通过运用政治智慧、法治智慧、检察智慧落实"做优刑事检察"的要求，通过刑事检察履职能力现代化助推国家治理体系和治理能力现代化。

（一）坚持聚焦党和国家工作大局，全力保障经济发展和社会稳定

一是依法履行审查逮捕、审查起诉职责，加强立案监督、侦查监督和审判监督，坚决打击"法轮功""全能神"等邪教组织破坏法律实施犯罪、涉军涉众型犯罪、利用网络传播谣言等影响社会稳定的各类刑事犯罪，建立重大疑难案件会商、案件通报等机制，严厉打击影响社会稳定各类刑事犯罪。二是持续深入开展扫黑除恶专项斗争。紧扣扫黑除恶"深挖根治"阶段性目标要求，立足检察职能，以持续打击面上犯罪为主要任务，以深挖彻查"保护伞"为主攻方向，以推动综合治理为着力点，挂牌督办重大涉黑恶案件。加强与纪委监委、公安机关的协调联动，完善线索核查、快速移送、双向反馈等机制。三是服务保障打好三大攻坚战。加强与环境资源监管等部门衔接，建立健全办理污染案件协作机制，贯彻恢复性司法理念，推广规范"补植复绿"等多元化生态补偿机制。依法从严打击扶贫领域犯罪，加强与劳动和社会保障部门协作，总结打击"恶意欠薪"等拒不支付劳动报酬犯罪情况，维护农民工合法权益，促进脱贫攻坚工作。

（二）坚持以办案为中心，切实增强人民群众获得感、幸福感、安全感

积极参与"两抢一盗"专项打击行动，配合相关部门集中打击多发性侵财犯罪。加大对敲诈勒索等常见多发和社会敏感案件的研究指导，对引发社会和媒体广泛关注的案件及时启动重大敏感案件快速反应机制，适时介入侦查，引导侦查取证，正确引导舆情。依法惩治"套路贷"等涉嫌诈骗犯罪，深化以案普法，及时发布典型案例，提高公众安全防范能力，维护人民群众财产安全。加大对人民群众反映强烈的暴力伤医、组织出卖人体器官等严重影响人

民群众安全感犯罪的打击力度，依法快捕快诉，形成高压态势。积极探索新的纠纷解决机制和利益诉求表达渠道，加强社会矛盾排查化解工作。充分发挥检察建议堵漏建制功能，推动相关部门强化监管，建立长效机制，坚决维护党和政府威信。

（三）坚持以推进检察改革为动力，努力做优刑事检察工作

一是全面推行认罪认罚从宽制度。贯彻落实修改后的刑事诉讼法，狠抓认罪认罚从宽制度落实，进一步强化工作部署，健全办理认罪认罚案件工作机制，规范认罪认罚案件量刑建议标准，在提高的同时着力提升量刑建议采纳率和速裁程序适用比例，推动认罪认罚案件质效有新的提升。二是健全捕诉一体办案机制。进一步完善办理刑事案件在证据认定、法律适用、政策把握以及诉讼程序等方面的重点问题，推动落实捕诉一体后司法责任制，健全完善内部监督机制。三是构建"案－件比"管控常态机制。狠抓《关于加强全区检察机关案件质量管控切实优化"案－件比"的意见（试行）》落实，充分运用统一业务应用系统等科技化信息化手段推动建立高效、管用的"案－件比"管控常态机制。四是加大"两项监督"工作力度。积极加强与自治区公安厅沟通协调，着力推动在公安机关执法办案中心设立派驻检察室工作有新进展，切实打通公检两家办案数据壁垒，做到精准监督，提升监督质效。

（四）全面加强队伍素质能力建设

持续开展大学习大研讨大培训，组织开展普通刑事案件检察业务培训班，围绕当前刑事检察工作的重点、难点问题进行集中培训。完善业务竞赛评比办法，充分发挥"检答网"答疑解惑、业务指导功能，统筹相关业务需求，加强智慧刑检建设，探索符合"捕诉一体"办案机制和普通刑事犯罪检察工作特点的专业化建设模式，大力弘扬工匠精神，努力让更多工匠成长为大师，全面提升队伍司法办案能力和水平。

重大刑事犯罪检察工作

重大刑事犯罪检察部门主要职责是对危害国家安全、公共安全，故意杀人、抢劫、毒品等犯罪案件的审查逮捕、审查起诉、出庭支持公诉、抗诉，开展相关立案监督、侦查监督、审判监督，负责办理死刑案件和相关刑事申诉案件，担负着维护国家安全、公共安全和社会稳定职责，依法严惩敌对势力针对国家政权、社会主义制度的颠覆或煽动颠覆等破坏活动，努力营造安全稳定的社会环境。2019 年，广西检察机关重大刑事犯罪检察部门紧紧围绕做优刑事检察工作的主线，严厉打击危害国家安全犯罪和危害公共安全犯罪，依法严惩故意杀人、抢劫和毒品犯罪，加强死刑案件指导，努力推动重大犯罪检察工作创新发展。

一、基本情况

2019 年，广西检察机关共受理审查逮捕重大犯罪 8385 件 11384 人，同比分别下降 9.8% 和 2.3%；经审查，共批捕 7536 件 9892 人，同比分别下降 9.9% 和 2.3%，不批捕逮捕 1443 人，同比下降 2.2%，不捕率为 12.7%；决定起诉 13139 件 15702 人，决定不起诉 1116 人，同比上升 14.9%，不起诉率为 6.6%；法院同期作出生效判决 13388 人，占生效判决总数的 26.2%，生效的无罪和不负刑事责任判决为零（去年同期 1 人），同比下降 100%。

（一）受危险驾驶罪案件数量上升影响，受理审查逮捕同比下降，审查起诉同比上升

全年共受理审查逮捕重大刑事犯罪 11384 人，同比下降 2.3%；受理审查起诉 19326 人，同比上升 12.1%。审查起诉人数

较多，主要受危险驾驶罪案件影响，该类案件同比上升幅度较大，且占比较高，2019 年受理审查起诉危险驾驶罪 5063 人，同比上升 104.8%，占重大刑事犯罪受理数的 26.2%，而这类法定刑不高，社会危害不大，大多适用非羁押性强制措施。

（二）故意杀人、抢劫等严重暴力犯罪同比上升，毒品类犯罪同比下降

2019 年，受理审查起诉故意杀人罪 488 人，同比上升 17.02%，占受理总数的 2.5%；受理审查起诉抢劫罪 1217 人，同比上升 1.8%，占受理总数的 6.3%；受理审查起诉毒品类犯罪 9431 人，同比下降 1.6%，决定起诉 8408 人，同比下降 6.2%；决定不起诉 205 人，同比上升 2.5%。全年案件呈现故意杀人、抢劫等严重暴力犯罪同比上升，毒品类犯罪同比下降趋势。

（三）提前介入案件占比提高，退查率下降，审结率略下降

全年提前介入案件 80 件，同比上升 53.8%，占办理案件数的 0.95%；退回补充侦查 2781 件，同比下降 33.9%；审结审查起诉案件 16846 人，占需办理人数的 97.8%，审结率同比下降 0.9%。全年案件呈现提前介入案件占比提高，退查率下降，审结率略下降趋势。

（四）诉讼监督相关指标多数同比下降，多数降幅较上半年缩小

全年监督公安机关立案 262 件，同比下降 33.7%；审查逮捕和审查起诉环节，纠正公安机关遗漏提请逮捕 165 人，同比下降 4.1%；纠正公安机关遗漏移送审查起诉同案犯 182 人，同比下降 14.2%；针对公安机关侦查活动违法，提出纠正 379 件次，同比下降 13.5%，侦查活动监督已纠正 324 件次，纠正率为 85.5%；按二审程序和审判监督程序提出抗诉 49 件，同比下降 14.04%；法院改判和发回重审 23 件，同比减少 25.8%；针对刑事审判活动违法提出纠正意见 6 件次，同比上升 100%。全年诉讼监督相关指标多数呈现同比下降趋势。

二、主要做法与成效

（一）坚决维护国家安全、公共安全和社会稳定

以总体国家安全观为指导，建立健全广西检察机关维护国家安全工作机制，严厉打击敌对势力的颠覆破坏活动，做深做细批捕、起诉等业务，依法严惩危害国家政治安全犯罪，维护国家政治安全和边疆和谐稳定。严厉打击境内制贩、网上贩卖、境外走私枪支弹药的犯罪活动。依法批捕、起诉具有高度危险性妨害安全驾驶的犯罪嫌疑人，保护人民群众生命财产安全。落实重大敏感案件采取刑事强制措施、进入重要诉讼节点请示报告制度，确保案件办理服从、服务于党和国家工作大局，最大限度维护国家利益。落实打击网络政治谣言和有害信息工作机制，以参加"打击自媒体违法犯罪"专项工作为牵引，主动加强与法院、公安、国安等相关部门的沟通联系，强化对疑难案件专案会商和指导工作，依法严惩网络政治谣言和有害信息类犯罪。健全危害国家安全犯罪案件备案审查制度，明确、规范报备内容和工作要求，切实加强对下指导，形成联动工作机制。如办理张某某间谍、非法获取国家秘密案，取得良好的办案效果。

（二）积极参与平安中国建设，依法严厉打击故意杀人、抢劫和毒品犯罪

对故意杀人、抢劫等严重影响群众安全感的犯罪始终保持严厉打击态势，着力营造安全稳定的社会环境。依法严惩走私、制造毒品、大宗贩卖毒品和非法生产、买卖制毒物品等源头性毒品犯罪。与自治区高级人民法院、公安厅协商建立办理重大毒品犯罪案件信息通报机制，共同研究解决证据收集、审查认定和法律适用中存在的突出问题，2019 年，广西各级检察机关与各级公安机关会商毒品案件共 86 次。组织拍摄的禁毒专题宣传片《破冰利剑》，"6.26" 国际禁毒日召开新闻发布会。组织全区举办禁毒讲堂、观摩庭审、展示仿真毒品样品等开展禁毒知识宣教活动，营造禁毒普

法社会氛围。

（三）认真贯彻执行死刑政策，加强死刑案件指导

依法审慎办理死刑案件，坚持以证据为核心，提高死刑案件的审查质量。建立健全死刑案件出庭工作办案模式，加强提请监督、报告重大情况及备案审查等工作，加强死刑案件个案指导和宏观指导的针对性，认真研究死刑案件特点，及时总结办案规律。落实对死刑缓期执行案件、未上诉未抗诉的死刑立即执行案件的复核监督工作。围绕庭审实质化要求，坚持证据裁判主义，注重证据复核，对不应判处死刑、明显不当、有失公正的判决，以及发现遗漏罪犯、罪行及时提出监督纠正意见。如办理蒙世升等人贩卖、运输毒品案中，检察机关始终坚持证据裁判原则，不因毒品案件的特殊性而放松对证据标准的要求，同时切实发挥主导作用，依法做好自行补充侦查工作，对电子证据进行收集提取和审查判断，取得了关键证据，成功追诉漏犯。该案例在最高人民检察院"以充分发挥检察职能，依法惩治和预防毒品犯罪"新闻发布会上作为典型案例予以发布。

（四）坚持以新发展理念为引领，推动重罪检察工作规范发展、创新提高

积极探索重罪案件办案机制，科学设置符合重罪案件办理规律和特点、体现专业化职业化方向的办案组织。推进认罪认罚从宽制度在重罪案件中适用，研究适用条件、案件类型，开展类案量刑分析，提升量刑建议准确度，2019 年全区 7685 件重大刑事犯罪案件适用认罪认罚从宽制度。会同公安部门研究建立公安机关办理重大、疑难、复杂案件听取检察机关意见和建议制度。建立重大敏感案件快速反应机制，对重大敏感犯罪案件，及时介入侦查、引导取证，采取挂牌督办、异地管辖、现场督导等措施确保案件质量及办案效果。积极防范化解社会矛盾风险，做好依法处置、舆论引导和社会面管控的"三同步"工作。如百色酒吧坍塌致 6 死 87 伤案、柳州韦某某涉嫌杀害 4 人伤 1 人案、河池大化蒙某某涉嫌杀害 5 人

伤 1 人案等，均在第一时间快速反应，办理效果突出。

（五）坚持不懈狠抓队伍建设

根据最高人民检察院的部署要求，确立 2019 年为重大刑事犯罪检察部门"学习培训年"。立足捕诉一体化和全链条办案需求，围绕实战、实案、实用、实效，开展形式多样的业务培训、分类培训和岗位练兵。2019 年，广西检察机关重大刑事犯罪检察部门共组织或参加毒品案件培训 14 次，自治区人民检察院于 2019 年 7 月、11 月在国家检察官学院云南分院、国家检察官学院广西分院分别组织一次毒品犯罪案件业务培训班，重点提高一线办案人员司法能力和水平。持续深入学习修改后的刑事诉讼法、人民检察院组织法等法律法规，结合办案积极开展案例教学、案件互评、专家授课、庭审观摩等活动，用好"检答网"平台，全面提升办案人员综合素质和专业化水平，培养造就专家型人才，营造工匠和大师成长氛围。

三、2020 年工作发展思路及措施

（一）以聚焦主业为核心，保障国家安全、社会安全和社会稳定

坚持问题导向，不断增强政治责任感和紧迫感，始终把维护政治安全作为头等大事。坚持凡事从形势最严峻、局面最复杂、后果最严重的一面考虑，按照"主动进攻、抓早抓小，精准打击、制小得大，点面结合、综合施策"的要求，做好应对各种复杂情况、驾驭各种复杂局势的万全准备，坚决消除一切影响政治安全的风险隐患，切实做到态度上零容忍、思想上零懈怠、工作上零差错，确保绝对安全、万无一失。坚决打击各种渗透颠覆破坏活动、暴力恐怖活动、民族分裂活动、宗教极端活动。积极参与社会治理，敏于从案件反映出的倾向性问题和管理漏洞，及时提出检察建议，努力做到"办理一案、治理一片"。深化与东盟国家检察机关的司法合作交流，主动加强"南向、北联、东融、西合"相关地区检察机

关合作，依法严惩在"一带一路"建设、中国—东盟自由贸易区建设、泛北部湾经济区合作过程中的各类暴恐犯罪，促进区域协调开放发展。

（二）坚持最严格的证据标准和程序标准，确保死刑案件质量，防止冤错案件发生

充分认识加强死刑案件办理和监督工作的重要性，切实增强政治责任感和历史使命感，促进死刑依法、公正、统一适用。坚决贯彻执行"保留死刑，严格控制死刑""少杀慎杀"的基本政策，确保死刑只适用于极少数罪行极其严重的犯罪分子，最大限度减少社会对立面。坚持最审慎的态度，从严掌握死刑案件证据标准，坚决贯彻证据裁判原则、非法证据排除规则、疑罪从无原则，严把事实关、证据关、法律适用关，使办理的每一起死刑案件都经得起历史检验。

（三）以检察业务为抓手，提升检察监督职能

在办案中监督，在监督中办案，这是对检察机关履行法律监督职能的重要诠释。检察机关只有在办理案件中才能发现问题，也只有通过办案才能实现法律监督。广西检察机关重大刑事犯罪检察部门将继续推进重罪案件提前介入侦查工作，与公安机关密切配合，完善监督途径和方法，切实防止案件"带病"批捕、起诉，确保侦查权依法正确行使，从源头上提升办案质量。深化司法责任制改革"精装修"，促进检察官履职尽责办好案。继续加强案件指导，完善补充侦查引导和说理机制。向全区检察机关推广继续侦查、补充侦查优秀提纲范例，有意识引导做精品案件。

（四）以专业化能力建设为根本，做优重罪刑事检察工作

坚定不移地按照检察工作总体要求，认真统筹和谋划重大刑事犯罪检察工作。在业务建设方面，规范重罪类案审查办理工作，探索建立重大复杂案件分类化办理机制和类案指引制度，统一重罪检察办案标准，探索制定重罪案件业务管理指标体系。严格落实司法责任制，入额领导干部深入一线，带头办理重大疑难、复杂敏感和

新类型案件。建立健全重大疑难案件相关机制，切实提升整体监督合力。落实科技强检，依托智慧检务、智慧公诉工程，协助推动人工智能、大数据等与重大刑事犯罪检察工作深度融合，提高重罪案件办理科技化信息化水平。在纪律作风建设方面，严明干部管理，落实一岗双责，规范检察人员和律师接触交往行为规定、严格执行检察机关内部人员干预办案记录、通报和责任追究。加强检察理论研究，以检察理论指引检察实践，融合务实与创新，促进检察业务发展。强化对下督导，提升指导质效。

职务犯罪检察工作

职务犯罪检察工作是监察体制改革后检察机关在党和国家反腐败总体格局中，承担的法律监督的法定职责；在惩治腐败犯罪的法治环节中，处于确认、巩固和拓展监察办案成果、追诉提起审判、实现罪刑法定的重要地位。职务犯罪检察部门主要职责是负责对法律规定由检察机关办理的同级监察委员会移送起诉和检察机关直接立案侦查的职务犯罪案件的审查逮捕、审查起诉、出庭支持公诉、抗诉，开展相关审判监督、相关案件的补充侦查及相关刑事申诉案件的办理。2019 年，广西检察机关职务犯罪检察部门以全面担当职务犯罪检察工作使命为主线，找准职务犯罪检察工作定位，全面履行检察职能，推动广西检察机关职务犯罪检察工作高质量发展，为巩固反腐败斗争压倒性胜利作出应有贡献。

一、基本情况

2019 年广西检察机关不断强化监检、检法协作沟通，联合制定系列规范性文件，依法履行职务犯罪案件审查逮捕、审查起诉、补充侦查、出庭支持公诉等职责，决定逮捕职务犯罪嫌疑人 358 人、起诉 569 人，其中起诉原省级干部 1 人、原厅级干部 11 人、原处级干部 79 人。在全国率先出台工作规定，依法规范查办司法工作人员职务犯罪，共立案侦查徇私枉法犯罪 14 人。圆满完成国家监委和最高人民检察院交办的湖南省人大常委会原党组成员、副主任向力力受贿案的提前介入、审查起诉和出庭公诉工作，持续发挥在反腐败斗争中的职能作用。

（一）涉案罪名较集中，以受贿、行贿、贪污为主

受理职务犯罪案件共涉及 13 个罪名，涉案罪名主要集中在受

贿罪、行贿罪以及贪污罪三个罪名，该三类犯罪案件分别占全区受理职务犯罪案件总数的 52.5%、18%、13%，占比较大。排名前五的罪名分别为：受贿罪 292 件 309 人，行贿罪 100 件 104 人，贪污罪 72 件 92 人，挪用公款罪 33 件 34 人，徇私枉法罪 17 件 17 人。

（二）案件分布不均衡

案件主要集中在来宾、柳州、玉林、桂林等地，案件数均超过 50 件，北海、梧州、防城港、钦州等地受理案件数相对较少，不到 30 件。

（三）认罪认罚适用率高于全区平均水平

全年共审结职务犯罪案件 484 件 542 人，其中适用认罪认罚从宽制度审结案件 265 人，适用比例为 48.9%，高于全区 48.7% 平均水平。

二、主要做法与成效

（一）立足职务犯罪检察职能，提升办案质效

联合自治区高级人民法院制定办理职务犯罪案件工作办法；积极参与扫黑除恶专项斗争、集中惩治扶贫领域腐败和作风专项治理等活动，对职务犯罪案件实行同步审查制度，加大监督力度，保持对职务犯罪案件高压态势。依法办理湖南省人大常委会原副主任向力力受贿案、桂林市政协原副主席邹长新受贿案等一批重大职务犯罪案件。成功办理全国首例"百名红通人员"黄艳兰贪污违法所得没收申请案，为国家挽回经济损失约 2.289 亿元，取得良好社会效果。

（二）适应监察体制改革，加强与监法沟通联系

加强与监委机关、人民法院的沟通交流，完善监检法衔接工作机制，形成办案合力。自治区人民检察院与自治区监察委召开办理职务犯罪案件有关问题协商会，就监检衔接、案件管辖、提前介入、退回补充调查等问题形成一致意见，会签印发会议纪要转化成

果指导各地办案；组成联合调研督导组，对 2019 年以来广西监察机关移送检察机关审查起诉的职务犯罪案件办理情况进行联合调研，认真查找案件退查率较高、提前介入效果不佳、职务犯罪案件适用认罪认罚从宽制度率低等问题症结，有针对性提出解决方案。联合自治区高级人民法院对全区办理职务犯罪案件情况进行调研，形成调研报告，为完善职务犯罪办案工作机制提供决策依据。与自治区监察委联合举办职务犯罪监察检察业务培训班，全区检察、监察机关业务骨干 300 余人参加培训。

（三）提高提前介入比例，保证案件质量

严格按照《国家监察委员会与最高人民检察院办理职务犯罪案件工作衔接办法》和《人民检察院提前介入监察委员会办理职务犯罪案件工作规定》，按照"快介入、快审查、快起诉"要求，抽调业务骨干通过参加案情讨论分析会、参与旁听讯问、查阅及核实证据材料等方式开展提前介入工作，向监委提出案件定性、完善证据、法律适用等意见，为案件顺利进入公诉环节奠定坚实基础。

（四）落实认罪认罚从宽制度，贯彻宽严相济刑事政策

按照最高人民检察院部署，自治区人民检察院印发全面落实职务犯罪案件认罪认罚从宽制度通知，要求全区检察机关对所受理的在办职务犯罪案件，一律适用认罪认罚从宽制度开展审查工作，确保全面推进认罪认罚从宽制度落到实处、收到实效，坚持贯彻宽严相济刑事政策，坚持罪责刑相适应及证据裁判原则。

（五）加强宣传教育，提高职务犯罪案件警示效果

开展职务犯罪案件庭审观摩活动，持续加强扶贫领域职务犯罪警示宣传教育。多地组织开展扶贫领域典型职务犯罪案件庭审观摩活动，当地人大代表、政协委员、扶贫工作相关单位代表共计 40 余人受邀到庭观摩。收集典型性、指导性的职务犯罪案例，及时编印下发指导全区办案工作，编印预防职务犯罪宣传手册发送相关单位、村两委和群众，实现政治效果、法律效果和社会效果有机统一。

三、2020 年工作发展思路及措施

（一）强化与监察机关的协同配合，确保办案质效

健全提前介入引导调查机制，从审查起诉的角度引导监察机关明确调查方向，收集固定证据，从源头上减少退查率。及时处理案件在审查审理过程中发现的问题，妥善处理指定管辖、异地羁押等工作衔接，既充分保障当事人的诉讼权利，依法"快办、快诉、快审、快判"，保证职务犯罪案件办理质量，提高诉讼效率。对重大、敏感类职务犯罪案件坚持舆论引导，确保办案效果和社会效果。

（二）完善办案工作机制，规范职务犯罪案件办理

加强与监察机关、人民法院、公安机关的配合衔接，推动出台办理职务犯罪案件的具体操作规范。细化完善检察环节刑事强制措施的适用程序、法律文书制作及送达与回执送达等操作流程，严把案件质量关，促进规范司法。不断强化对职务犯罪大要案的指导责任和督办制度，确保职务犯罪大要案办理工作平稳顺利。

（三）强化对下业务指导，促进办案素能提升

实行检察官片区指导制度，通过对口联系、指导各片区，保证相应业务对上汇报、对下指导工作渠道畅通，确保办案质效。持续加大培训力度，举办广西检察机关刑事检察部门职务犯罪工作专题研修班，加强对新修改监察法、刑事诉讼法、刑事诉讼规则等新法律法规学习。充分运用"检答网"，解决疑难问题。采取专家会诊、庭审观摩、案件研讨、案件评查等形式，推动解决职务犯罪认定和处理难题。

（四）强化涉黑恶势力"保护伞"职务犯罪打击力度

严格贯彻执行《关于在办理职务犯罪案件中进一步加强涉黑恶犯罪"保护伞"审查工作的通知》，强化涉黑恶势力"保护伞"职务犯罪打击力度，加强证据审查，统一办案思路，深挖彻查职务犯罪案件中涉黑恶"保护伞"问题。

（五）深入推进职务犯罪案件认罪认罚从宽制度

督促广西检察机关职务犯罪检察部门落实《关于全面落实职务犯罪案件认罪认罚从宽制度的通知》要求，加强督查和指导力度，对整改落实情况实时进行数据监控，实现办理职务犯罪案件适用认罪认罚从宽制度审查比例达到最高人民检察院工作目标要求。

经济犯罪检察工作

经济犯罪检察工作与经济社会发展大局和人民群众切身利益紧密相关，在防范和化解金融风险、打击金融犯罪，保护企业合法权益，保障人民安居乐业中发挥着重要作用。经济犯罪检察部门主要职责是对破坏社会主义市场经济秩序案件的审查逮捕、审查起诉、出庭支持公诉、抗诉，开展相关立案监督、侦查监督、审判监督以及相关案件的补充侦查等。2019年，广西检察机关经济犯罪检察部门主动适应新形势下经济犯罪活动的新情况新问题新变化，准确把握检察机关系统性、整体性、重构性改革新形势，以及经济犯罪检察工作在刑事检察优化发展中的定位功能，以高站位、勇担当、加力度的总体思路，聚焦、聚神、聚力抓好打击与防范经济犯罪活动，做到紧之又紧、细之又细、实之又实，为广西落实"三大定位"新使命营造稳定公平的经济发展环境。

一、基本情况

2019年，广西检察机关积极参与打好防范化解重大风险攻坚战，全力打击利用互联网实施的非法吸收公众存款、集资诈骗、组织领导传销活动等犯罪，批准逮捕经济金融类犯罪931件1288人，起诉经济金融类犯罪940件1345人。加强民生民利的司法保护，依法打击危害食品药品安全犯罪，从严、从快批捕、起诉，认真履行立案监督职责，加大刑事审判监督力度，确保人民群众饮食和用药安全，逮捕222人，起诉231人。平等保护民营经济合法权益，准确掌握法律政策界限，充分考虑民营经济的经营发展，慎重适用强制措施，严格掌握起诉标准，坚决防止将民事责任演变为刑事责任，积极参与整顿和规范市场秩序，加大知识产权司法保护。全年逮捕侵犯知识产权类案件100人，起诉62人。

（一）受理审查逮捕和审查起诉案件数量同比均有较大升幅，呈高发态势，大案要案频发

受理审查逮捕件数同比上升18%，受理审查起诉件数同比上升35.4%。以集资诈骗为例，受理审查逮捕同比增长72.7%，先后办理了韦某某集资诈骗案，黄某某等人集资诈骗案，林某某骗取贷款案，余某某等人组织、领导传销活动案，陈某某等人组织、领导传销活动案等一批重特大案件。经济犯罪呈高发态势，大案要案频发，严重破坏了市场经济秩序，增加社会综合治理成本，危害社会稳定和党治国理政基础。

（二）捕后不起诉人数大幅上升

全年经济金融犯罪案件捕后不诉216人，人数同比上升68.8%，不诉人数占经济金融犯罪案件批捕人数的16.8%，占全区不起诉人数的14.5%。捕后不诉主要原因是大力推进认罪认罚从宽制度的适用，该类案件占不诉案件的51.9%。此外，在办理组织领导传销等涉众型犯罪时，适用宽严相济刑事政策对一般参与人员作相对不诉处理，对捕后不诉人数大幅上升有一定影响。

（三）撤回起诉案件和人数均大幅回落，案件质量总体向好

全年经济金融犯罪案件撤回起诉案件4件8人，同比下降63.6%和42.9%，其中，证据不足撤回起诉3件7人。守住防止冤假错案底线，全区检察机关经济金融犯罪案件无罪判决为零。

（四）立案监督数量下降，侦查监督、审判监督成效大幅提升

全年经济金融检察部门立案监督186件248人，件数同比下降25%，人数同比上升14.3%；纠正遗漏罪行74人，同比上升45.1%；纠正遗漏同案犯140人，同比上升52.2%。提请抗诉与受理法院重审裁判与2018年基本持平。

二、主要做法与成效

（一）坚决惩治非法集资、互联网金融犯罪，全力推进防范化解重大风险攻坚战

积极参与打击非法集资专项行动和互联网金融风险专项整治，坚决查处利用互联网实施的非法吸收公众存款、集资诈骗、组织领导传销等犯罪。聚焦涉黑涉恶犯罪涉足领域"金融化"、实施手段"网络化"等新特点，依法严厉打击"套路贷"、"校园贷"、传销活动中的涉黑涉恶经济犯罪，批捕8人，起诉0人。例如，钦州市人民检察院依法办理的"云联惠"等重大涉网络借贷金融犯罪案；玉林、宁铁分院等地办理的涉案金额特别巨大的非法吸收公众存款等涉众型经济犯罪案件。自治区人民检察院依法开展金融调查，发现金融业务操作、审批审核、监管等程序中存在漏洞，及时对问题进行梳理分析，并提出防范对策，形成《关于广西金融犯罪情况的调研报告》，积极参与社会综合治理，推动形成防范合力，筑牢金融风险防范体系。

（二）依法打击侵犯民营企业合法权益犯罪，服务保障经济持续稳定健康发展

依法打击侵犯民营经济合法权益的犯罪活动。加大对侵犯民营企业犯罪案件的指导，把扫黑除恶与保护民营企业财产权和民营企业家人身权结合起来，重点加大对强揽工程、欺行霸市、操控企业等黑恶势力犯罪的惩治力度，为民营企业健康发展扫清"障碍"。强化对知识产权案件的法律监督，着力纠正有案不移、以罚代刑和有案不立、立而不侦等问题，依法严惩涉及科技创新的虚假诉讼案件。平等保护民营经济合法权益。坚持平等保护理念，依法妥善办理各类涉产权案件，准确把握法律政策界限，充分考虑民营企业生产发展，慎重适用限制人身和财产权利的强制措施，严格审查批准逮捕的必要性，严格掌握起诉标准，切实防止"够罪即捕""一诉了之"，坚决防止将民事责任变为刑事责任。强化宣传与完善制度

的预防机制。重点加大对投资风险意识和法律意识薄弱群体、涉众型经济犯罪案件高发多发的地区、法律风险突出民营企业的风险预警和防控，组织开展金融犯罪预防宣传作品集中发布活动。依法维护市场经济秩序。积极参与打击走私"蓝天2019"等专项行动，走访南宁海关、广西海警部队、广西市场监督管理局、广西价格认证中心等单位，深化加强工作联席会议和联合挂牌督办重大走私案件的共识。

（三）切实聚焦食药领域、农资打假专项行动，精准发力维护好民生民利

认真贯彻落实最高人民检察院、国家市场监管总局、国家药品监管局关于联合开展落实食品药品安全"四个最严"要求专项行动，印发广西检察机关落实食品药品安全"四个最严"要求专项行动工作实施方案，依法从严从快批捕、起诉危害食品药品安全犯罪案件，认真履行立案监督职责，加大力度支持各地对量刑畸轻等案件的抗诉。印发2019年下半年广西检察机关开展农资打假工作要求，切实加大对"农资打假"专项行动的支持力度，依法严惩生产、销售伪劣产品、伪劣农药、兽药、化肥、种子犯罪，服务打好精准脱贫攻坚战。积极参与打击走私"洋垃圾"专项行动，依法严惩走私废塑料、废矿渣、废五金、濒危动植物等危害环境、消耗国内资源、破坏生态环境的货物犯罪，突出重点指导各地办理非法经营危险废物案件，斩断环境犯罪利益链条。认真贯彻"两高三部"《关于办理环境污染刑事案件有关问题座谈会纪要》，依法严惩生态领域经济犯罪。认真完成自治区政协蓝天立主席、自治区人大常委会莫小峰副秘书长提出由自治区人民检察院起草《关于建立省际间环保、公安、检察协作机制提高打击跨省污染环境犯罪工作合力的建议》的修改完善。

（四）积极构建大数据办案平台、专家咨询制度，强力推进经济犯罪检察工作智慧化、规范化

与法院、公安和行政主管部门建立经常性联络机制，进一步加

强经济金融犯罪重点信息通报共享和业务交流研讨，探索共同建立权威信息发布机制，健全重大敏感复杂案件提前介入侦查、引导取证制度和办案协作机制。派员参与广西政法机关跨部门大数据办案平台建设工作，支持信息智能化平台建设。与国内有关高校、自治区证监、金融监管等部门联系沟通，组建由 18 人组成的经济金融犯罪检察专家咨询委员会。不断规范和细化专家咨询论证机制，提升经济金融犯罪办案能力。

三、2020 年工作发展思路及措施

（一）围绕服务中心，找准经济犯罪检察工作重点

一是充分发挥经济金融犯罪检察职能作用，深入推进扫黑除恶专项斗争。防范化解金融风险，维护经济安全，依法严厉打击非法集资、金融诈骗、非法经营证券期货等犯罪活动，从源头上遏制黑恶势力向市场经济领域滋生蔓延，守住不发生黑恶势力犯罪蔓延至区域性金融风险的底线。二是服务好非公有制企业，维护民营经济合法权益。与自治区工商联联合开展服务民营经济"十百千万"专项活动，开展对涉非公经济案件立案监督和羁押必要性审查专项活动。三是深入推进专项行动向纵深发展，切实维护民生民利。健全食品药品安全犯罪专项监督常态化机制，全面开展普法宣传；继续落实农资打假专项行动，服务打好精准脱贫攻坚战；积极参与打击走私行动，严厉打击各种形式的走私犯罪案件，重点打击"洋垃圾"走私、涉税商品走私、食品冻品走私，维护人民群众利益。

（二）加强管理监督，保障经济犯罪案件质量

一是完善捕诉一体办案机制。深入研究、解决捕诉一体后可能产生的证据标准的把握、引导侦查补证、出庭支持公诉效果等问题，落实重大案件提前通报、疑难案件听取意见、敏感案件同步介入等机制，向侦查前端传递证据裁判原则和工作标准，以规范传导责任形成倒逼机制。二是探索在重大经济犯罪案件中全面推进认罪认罚工作。针对部分经济犯罪案件涉案范围广、查证补证难、犯罪

手段隐蔽性强等特点，进一步扩大在涉众型经济犯罪、走私等案件中的适用比例，促进解决此类案件取证难、追赃挽损难等问题。三是强化案件质量管理监督。充分发挥自治区人民检察院对下政策指引和综合指导职能，加强和规范业务指导、重大案件督导，建立季度业务通报机制，及时通报相关经济领域、行业发展重要情况，及时发现问题，有效改进经济犯罪检察工作。

（三）立足检察职能，积极参与经济领域社会治理

一是对办案中发现的行政监管、社会治理中存在的涉及经济发展的普遍性、突出性、机制性问题，向主管部门制发检察建议督促落实整改，实现"发一份防一片"的工作效果。二是综合运用刑事追诉和非刑事手段处置化解风险，做好涉众型经济犯罪案件利益受损群体疏导稳控工作。积极践行新时代"枫桥经验"，加强社会矛盾化解机制建设，建立重大信访案件信息共享机制。三是加强经济犯罪特别是金融犯罪预防宣传，加大对投资风险意识和法律意识薄弱群体、涉众型经济犯罪案件高发多发地区、法律风险突出民营企业的风险预警和防控。

（四）强化队伍建设，提升经济犯罪检察工作专业本领

一是加强专业化办案队伍建设。深入开展优秀业务团队团长培养工程，打造专家型人才和复合型中层领导。坚持采取上挂下派锻炼、安排承担急难险重任务、检察人员成长导师制等方式，培养优秀人才，建立健全全区检察机关经济金融犯罪检察人才库，发挥专业化团队优势。二是开展多形式专业培训。大力推广检察官教检察官式的实务培训，以组织观摩庭审、跨部门跨院联席会、案例研讨、经验分享、教学互动等多种形式，丰富和提高培训实效。三是全面发挥典型案例示范指引作用。聚焦各类经济犯罪案件疑难、新型问题，提炼审查和裁判要旨，分门别类、统筹建立专题案例库，编撰、发布典型案例，进一步提升司法办案人员解决复杂问题的理论水平和实务能力。

刑事执行检察和查办司法
工作人员相关职务犯罪工作

刑事执行检察和查办司法工作人员相关职务犯罪工作作为检察机关法律监督的重要组成部分，担负着维护刑事执行场所监管秩序稳定，促进监管场所将罪犯教育改造成守法公民，降低再犯罪率，保障国家总体安全的重要使命，也承担着预防和惩治司法腐败、维护司法公正和权威的重要任务。刑事执行检察部门职责主要包括对监狱、看守所和社区矫正机构等执法活动，对刑事判决、裁定、财产刑、强制医疗、指定居所监视居住等执行活动以及对羁押期限和办案期限的监督，办理减刑、假释、暂予监外执行、罪犯又犯罪案件等工作。此外，其职责还包括查办司法工作人员利用职权实施的非法拘禁、刑讯逼供、非法搜查等侵犯公民权利、损害司法公正的犯罪，以及按照刑事诉讼法规定需要由人民检察院直接受理的其他重大犯罪案件。2019 年，广西检察机关刑事执行检察部门通过转变检察方式、工作模式和工作方式，积极稳妥开展刑事执行检察和司法工作人员相关职务犯罪案件侦查工作，各项工作取得新发展。

一、基本情况

2019 年，广西检察机关办理羁押必要性审查案件共立案 3082 人；提出变更强制措施或释放建议 2781 人，被采纳 2613 人；共审查减刑、假释、暂予监外执行提请（呈报）案件 16115 件，审查减刑、假释裁定及暂予监外执行决定 14570 件，书面监督纠正减刑、假释、暂予监外执行不当 1161 件；书面监督纠正刑事执行活动违法（非监外执行）1490 件；书面监督纠正监外执行履行职责不当 1103 件；监督纠正强制医疗执行违法案件 1 件。立案侦查司法工作人员相关职务犯罪案件 12 件 14 人，侦查终结移送审查起诉 10 件 12 人，一审有罪判决 2 件 3 人。

（一）执行检察监督纠正执行不当案件数占审查该类案件总数比率有所下降，监管场所刑事执行活动的恰当性及规范性趋于向好

审查及提出监督纠正减刑、假释、暂予监外执行及财产性执行不当建议数同比均有所下降，但提出监督纠正建议下降比率高于审查案件比率。羁押必要性立案数及提出变更强制措施或释放建议人数较 2018 年同期相比均有所上升，但上升幅度不大。同时，羁押必要性立案数上升幅度高于提出变更强制措施或释放建议。这些都一定程度上反映监管场所刑事执行活动日趋规范化，被监管人员合法权益得到更好保障。

（二）涉民营企业家羁押必要性审查案件成为羁押必要性审查案件新增长点，民营企业家合法权益得到有效维护

依法审慎、规范开展涉非公经济案件羁押必要性审查工作，做到每案必审，最大程度减少对民营企业家的不必要羁押，切实保护民营企业和民营企业家的合法权益。全年对涉民营企业家羁押的 216 人逐案进行羁押必要性初审，已立案审查 64 人，提出变更强制措施建议 52 人，建议已获采纳 47 人，有效维护民营企业家合法权益，保障民营企业健康发展。

（三）立案侦查司法工作人员相关职务犯罪案件主要集中在刑事诉讼领域，罪名集中在徇私枉法罪、刑讯逼供罪等

全年立案侦查司法工作人员相关职务犯罪案件 14 人，涉及刑事诉讼领域的 12 人，占 85.7%。涉嫌徇私枉法罪 6 人，刑讯逼供罪 5 人，上述两罪共 11 人，占 78.6%。

二、主要做法与成效

（一）扫黑除恶专项斗争取得明显成效

开展对刑事执行检察参与扫黑除恶专项斗争情况专题调研，坚持"四个着力强化"，发挥刑事执行检察职能作用，促进扫黑除恶专项斗争深入开展。向办案单位、部门移交涉黑涉恶案件线索62件、"保护伞"线索36件，纠正涉黑涉恶在押人员混押20人，监督涉黑涉恶罪犯减刑假释从严掌握40人，监督涉黑涉恶罪犯财产刑执行14.36万元；办理涉黑涉恶案件讯问合法性核查案件96件，提出检察建议1件，获采纳1件；依法办理涉黑涉恶在押人员羁押必要性审查案件11人；立案侦查涉及司法工作人员充当保护伞案件3件3人。

（二）严格依法对特赦案件全程同步监督

立足法律监督职能，秉持在监督中配合、在配合中监督原则，依法开展特赦监督工作。通过制定广西检察机关开展特赦监督工作实施方案，严格把握特赦标准，明确监督重点，认真贯彻落实全程同步监督工作机制，依法有序推进特赦检察工作。在特赦案件提请环节提出检察意见653件，其中同意刑罚执行机关提请意见646件，纠正特赦报请不当案件7件；对人民法院特赦裁定出具检察意见646件；出具职务犯罪罪犯现实社会危险性评估意见3份。特赦监督工作的圆满完成，彰显了我国人权保障水平，取得良好的政治效果、法律效果和社会效果。

（三）深入开展涉民营企业家案件羁押必要性审查专项活动

坚持把服务和保障非公有制经济健康发展作为服务大局的重要内容，积极开展涉非公经济案件羁押必要性审查专项活动，严格履行羁押必要性、羁押期限监督职责，促进优化法治服务与法治保障。严格落实涉民营企业家案件每案必审要求，制定出台进一步加强涉民营企业家案件羁押必要性审查工作指导意见，确保相应法定职责得到不折不扣地贯彻执行。组织推荐涉民营企业家羁押必要性审查典型案例，促进羁押必要性审查工作走向规范化、程序化、精品化。河池市凤山县人民检察院办理范某某拒不支付劳动报酬一案羁押必要性审查，不仅涉及非公经济，还涉及到产业扶贫项目，该院认真贯彻落实保障非公经济发展要求，助力脱贫攻坚，及时对范某某案件开展羁押必要性审查，后对其作出不起诉决定。自治区人民检察院崔智友检察长亲自带该案下基层接访，并与部分自治区人大代表、人民监督员等相关人员座谈交流，听取意见建议，取得良好的政治效果、法律效果和社会效果。

（四）积极稳妥开展司法工作人员相关职务犯罪案件侦查工作

高度重视司法工作人员职务犯罪案件侦查工作，及时研究制定司法人员职务犯罪侦查检察官权力清单，厘清各类人员办案权限，确保权力规范行使。制定广西检察机关立案侦查司法工作人员相关职务犯罪案件工作规定，明确案件管辖、线索管理、备案审查等办案工作流程，为各地依法、规范开展查办职务犯罪案件工作提供细致指引。组建专业化办案组，形成"自治区人民检察院为主导、市级人民检察院为主体、基层人民检察院参与"的一体化工作模式，加强对市级人民检察院查办案件工作统筹安排、统一指挥，强化对已立案件和初查案件的跟踪指导，确保办案质量。防城港市公安局渔万派出所所长黄某徇私枉法案被列为最高人民检察院第一批挂牌督办的四件职务犯罪案件之一。

（五）蹄疾步稳推进监狱巡回检察改革

严格按照最高人民检察院部署，通过加强组织领导、夯实基础、先行试点，全面推进监狱巡回检察工作。制订全面推行对监狱巡回检察实施方案，对全区检察机关开展监狱巡回检察工作做出具体安排，提供明确工作指引。自治区人民检察院成立以院党组成员、副检察长为组长的交叉巡回检察小组，自2019年9月起组织开展交叉巡回检察，首轮已对桂林监狱、黎塘监狱、柳州监狱、桂中监狱及未管所（邕州监狱）等5所监狱开展交叉巡回检察。在交叉巡回检察中，针对发现刑罚执行、教育改造、服刑人员劳动报酬保障等方面共计 20 大项的问题，及时向自治区监狱管理局、监狱和派出检察院反馈巡回检察意见，并组织开展监狱巡回检察"回头看"，对相关监狱及派出院整改落实情况进行督导。巡回检察工作开展以来，全区设有监狱的 9 个地市共开展了 24 次监狱巡回检察，其中常规巡回检察 20 次，专门巡回检察 4 次，实现监狱巡回检察全覆盖。广西检察机关有效整合办案力量，进一步厘清监督与监管责任，刑事执行检察质效得到稳步提升。

（六）突出重点统筹开展各项刑事执行检察工作

刑事执行检察点多面广，涉及多项业务，既要统筹兼顾，又要突出重点、抓住主要矛盾。根据问题导向和当前强化监督的实际需要，结合人民群众关心、关注的焦点问题，确定监督工作重点，以三个专项检察活动、刑罚变更执行监督、核查纠正监外执行罪犯脱管漏管和重大案件侦查终结前讯问合法性核查为抓手，统筹兼顾，开展好各项检察工作。深入推进监督维护在押人员合法权益专项检察，加强日常检察工作同时，切实保护在押人员合法权益；深入开展判处实刑罪犯未执行刑罚专项检察，在加强清理纠正积案的同时，着力建立健全长效监督机制，防止"边清边增"，确保监督常态化、长效化；深化推进财产刑执行专项检察，通过完善信息共享工作机制，充分使用执检子系统办理财产刑执行检察监督案件等措施，加强办案规范化建设。积极推动减刑假释信息化办案平台建设，通过加强对罪犯岗位调整、计分考核、立功奖励、病情鉴定、违规惩戒等重点环节监督，加大对减刑、假释、暂予监外执行案件监督审查力度，从源头上防止违法不当和不公正问题发生。以综治工作（平安建设）核查纠正监外执行罪犯脱管漏管考评工作为抓手，坚决纠正不依法、不及时交付造成的脱管漏管，确保收监执行到位。探索重大案件侦查终结前讯问合法性核查工作，结合扫黑除恶专项斗争，共办理涉黑涉恶案件讯问合法性核查案件 96 件。制定广西检察机关刑事执行检察部门关于办理重大案件侦查终结前讯问合法性核查工作指导意见，明确案件范围、案件来源、核查方法、核查结果、采取措施等，确保讯问合法性核查工作落到实处、取得实效。

（七）强化队伍建设和基层基础建设，为推进各项工作健康发展提供有力保障

结合业务规律特点和专业要求，加强教育培训。在国家检察官学院江苏分院、广西分院分别举办两期业务培训班，邀请最高人民检察院和江苏、辽宁、重庆等检察院优秀教官及自治区人民检察院相关领导和业务专家授课，有效提升综合业务能力。坚持严管就是厚爱，扎实开展"不忘初心、牢记使命"主题教育和从严治检"五查五整顿"专项行动，对全区 5 起在押人员被超期羁押、非正常伤亡和传递纸条串供等事件进行通报，加强刑事执行检察队伍职业道德和纪律作风建设。举办减刑假释信息化办案平台应用培训，加快推进减刑假释网上协同办案平台与检察机关统一业务应用系统数据对接和检监互联互通平台建设。通过协同办案平台办理各类减刑、假释提请案件 1800 余件。组织开展精品检察建议、纠正违法、羁押必要性审查、减刑假释暂予监外执行监督、巡回检察、财产刑执行案件等典型案例、精品案例评选活动，注重发掘整理程序规范、适用法律准确、监督效果好的案例，及时向最高人民检察院推荐，同时注意发挥案例示范指导作用。2019 年度全区 9 件案件获评全国检察机关刑事执行检察和司法工作人员相关职务犯罪侦查精品案件。贵港市人民检察院"对西江监狱突发性群体性敏感性事件的监督案"获评 2018 年度全国十佳检察建议案例。

三、2020 年工作发展思路及措施

2020 年，广西检察机关刑事执行检察部门将按照改革后的职能变化和职责职权，结合地区实际，科学布局，协调推进，突出重点，精准发力，强弱项、补短板，努力开创刑事执行检察和查办司法工作人员职务犯罪工作新局面。

（一）以扫黑除恶"破网打伞"为契机，深入推进司法工作人员相关职务犯罪侦查工作

加强与自治区纪委监委和院扫黑办沟通，梳理涉及司法工作人员相关职务犯罪"保护伞"线索，拓宽案件线索来源，规范线索管理与审查，加强线索评估与分析，及时领办交办案件线索，建立健全线索双向反馈机制。加强督促指导，提升查办司法人员相关职务犯罪案件工作质效，保证每一个案件的办案质量经得住检验，保证每一个案件的政治效果、法律效果和社会效果有机统一。

（二）深入推进巡回检察工作

将派出检察院布局调整工作与职责配置相结合，立足于现有格局，在制度框架内，加强对现管辖范围内监狱、看守所执法环节的监督，强化司法办案，切实将巡回检察工作推进好、落实好。组织开展监狱巡回检察"回头看"活动，督促监狱整改落实。分三轮对全区其余 14 个监狱开展交叉巡回检察，重点监督解决在监管安全、刑罚变更、监管违法及法律监督工作中存在的深层次问题。探索建立巡回检察人员配备、考核评价等机制，提升巡回检察人员工作积极性、主动性。建立健全刑罚执行与法律监督联席工作机制，定期召开联席会议，加强沟通和业务协作。进一步研究探索对看守所、社区矫正实行巡回检察，争取形成可复制可推广的"广西经验"。

（三）统筹兼顾，扎实做好各项刑事执行检察业务

立足工作实际，制定 2020 年刑事执行检察和司法工作人员相关职务犯罪案件侦查工作要点，明确工作目标，为最高人民检察院即将部署开展的"加强监督、严格履职"主题年活动做好思想、组织和基础准备。定期对相关业务工作和核心业务数据情况进行通报，加强实地调研和对下指导，深入分析业务数据异常原因，提出有针对性措施，狠抓督促落实，提升办案效率和质量，确保各项业务平稳健康发展。加强信息宣传、理论调研工作，及时总结优秀经验做法，深入挖掘典型案例，打造工作亮点。

（四）加强规范化建设，做实刑事执行检察常态化监督

强化羁押期限监督，全面排查和清理久押不决、超期羁押案件，重点加强对涉民营企业家案件的监督，支持民营企业健康发展，严防新增久押不决案件出现。抓好刑罚变更执行监督，加强对罪犯财产刑执行、考核奖惩等相关证据材料的调查核实力度，逐步推行刑罚变更执行监督案件诉讼化归档。扎实推进监外执行（社区矫正）检察，积极、主动做好核查纠正监外执行罪犯脱管漏管年度综治考评相关工作。依法加强对强制医疗和指定居所监视居住的执行监督。

（五）加快刑事执行检察信息化建设步伐

提高全国检察机关统一业务应用系统执检子系统应用水平。落实"全员、全面、全程、规范"系统使用目标，实现办案信息网上录入、办案流程网上管理、办案活动网上监督、办案数据网上统计，使之成为体现刑事执行检察部门的办案数量和监督成效的"利器"。以自治区党委政法委牵头推进政法各单位信息化建设为契机，积极推进检监互联系统建设、社区矫正信息共享等信息化工作，打破数据壁垒，推动实现与法院、监狱、司法行政机关办案信息互联互通。推进信息化与业务深度融合。

（六）抓紧抓实刑事执行检察队伍建设

加强政治思想和职业道德建设，深入学习贯彻党的十九大和十九届二中、三中、四中全会精神，认真组织开展"不忘初心、牢记使命"主题教育，强化"五查五整顿从严治检"专项行动，健全廉政与办案安全风险防范机制。加强支部规范化建设，积极发挥党支部战斗堡垒和党员先锋模范作用。根据内设机构改革人员变动大的情况，加大业务培训力度，强化全员培训，提升监督能力和水平。建立全区刑事执行检察与司法人员相关职务犯罪侦查人才库，加强人才库成员的培养、锻炼和使用，发挥骨干人才引领示范作用。

民事检察工作

民事检察工作是"四大检察"的重要组成部分，是检察监督权在民事诉讼活动中的具体体现。民事检察部门主要职责包括四大方面：一是对法院生效裁判文书及损害国家利益、社会公共利益的调解书进行监督；二是对民事审判程序中审判人员违法行为的监督；三是对民事执行活动的监督；四是对民事虚假诉讼的监督。民事检察从无到有、从小到大、从试点探索到有序推进，不断丰富和拓宽检察机关法律监督职能范畴，为促进司法公正、保障司法权威和维护社会公平正义发挥积极作用。2019年，广西检察机关民事检察部门遵循"落实、稳进、提升"检察工作总基调，立足监督职能，以办案为中心、专项行动为抓手，积极参与机构改革，将做强民事检察要求落到实处，各项工作取得新进展。

一、基本情况

2019年，广西检察机关共受理民事裁判结果类案件2356件，同比上升41.2%；民事执行类案件910件，同比上升57.2%；民事审判活动程序违法类案件203件，同比下降10.6%；提请抗诉486件，同比上升68.2%；提出抗诉197件，同比上升26.3%；发出再审检察建议62件，同比上升12.7%；发出检察建议152件，同比上升29.9%；不支持监督申请决定1032件，同比上升33.9%。

（一）民事检察工作整体发展不均衡，存在"倒三角"局面

"上抗下"的立法模式，导致同级检察机关无权对同级法院的裁判文书提出抗诉，形成"倒三角"现象。近年来民事检察监督

案件量不断增加，上级检察院民事检察部门办案压力大，导致对下指导不足。内设机构改革后，基层人民检察院基本是民事、行政、公益诉讼职能整合在一个部门，职能增加但人员并未同步增加。公益诉讼作为新的增长点，对民事检察也造成冲击，客观上挤压了民事检察的工作空间，产生负面影响。

（二）民事检察人员配备和队伍素质与人民新需求存在差距

由于受长期以来"重刑轻民"思想影响，民事检察一直处于弱项，人员配备无论从数量上还是从知识储备方面，均与新形势下人民新需求存在差距。

（三）执行监督案件"深"字功夫做得不够，监督层次不高、成效不佳

基层人民检察院办理的执行监督案件多数是通过开展专项活动发现案件线索办理，属于依职权监督，案件监督层次不高，多停留在表面的超期、送达等粗浅问题，对深层次问题和重点环节发现得较少，调查核实不够。而且，在监督过程中，并未注重对案件类型、社会效果等方面的研究，尚未做到"办理一件影响一片"的精准监督要求。

二、主要做法与成效

（一）围绕中心服务大局，践行司法为民宗旨，服务和保障民生

一是坚持新发展理念，主动服务经济社会发展大局。立足民事检察职能，密切关注社会反映强烈的企业融资互联互保案件和产权纠纷案件，推动解决刑事案件牵连产权保护问题。主动听取民营企业家意见，开展对民营企业走访调研，保护民营经济健康发展。自治区人民检察院印发充分发挥检察职能服务保障民营经济健康发展实施意见，为民营经济健康发展提供优质司法保障和营造良好环境。联合自治区工商联开展检察机关服务民营经济健康发展调研，充分了解全区检察机关服务民营经济发展中的具体举措、成效和存

在的问题和困难，并形成专题调研报告。二是坚持以人民为中心，服务和保障民生。结合办理监督案件，把司法救助、农民工权益保障等与精准扶贫结合起来。对农民工、残疾人等特殊群体请求给付劳动报酬、抚养费、抚育费、赡养费、损害赔偿等案件，加强支持起诉工作力度，维护人民群众合法权益。通过报纸、网络等媒体时刻关注弱势群体，详细了解农民工被欠薪有关问题的舆情动态，持续积极协助解决好农民工讨薪问题。针对互联网领域微信、支付宝交易纠纷多发，一些当事人因被告身份信息不明等无法通过诉讼进行救济等问题，监督和支持法院依法规范进行立案、审判、执行等诉讼活动。三是践行司法为民宗旨，强化民事检察环节矛盾化解。拓展民事检察部门参与社会治理工作途径，贯彻新时期"枫桥经验"，畅通群众申诉渠道，依法公正处理民事检察监督案件，加强民事检察环节预防和化解矛盾机制建设，促进共治共享、平安和谐。落实"谁执法谁普法"责任制，全面实施以案释法，深入开展送法进社区等活动，促进提升全社会法治素养，切实把化解矛盾、促进和谐贯穿于民事检察监督全过程。

（二）强化民事诉讼、执行活动法律监督，着力构建多元化监督大格局

一是优化生效裁判监督。切实提高监督的精准度与权威性，把生效裁判监督作为基础性产品来做实。在保障监督数量的同时严把案件质量关，充分运用调查核实权，坚持审查与调查相结合，准确掌握对生效裁判监督的事实和法律依据，确保始终坚持政治效果、法律效果和社会效果相统一。突出监督重点，优先办理在司法理念方面有创新、引领价值的典型案件，争取抗诉一件影响一片。准确把握调解监督的条件，从保护国家利益、社会公共利益入手，加强对民事调解书的监督。全年共受理生效民事判决、裁定、调解书2356 件，提请上级检察院抗诉 486 件；对认为确有错误的民事判决、裁定、调解书提出抗诉 197 件；不支持监督申请 1032 件；提出再审检察建议 62 件。二是深化审判人员违法行为监督。坚持把

对事监督与对人监督结合起来，深入分析研究民事审判深层次违法问题监督不够的原因和对策。印发广西检察机关开展民事审判深层次违法问题专项监督调研工作方案，在全区范围内开展民事审判深层次违法问题专项监督活动，促进监督事项从审判程序错误等轻微违法情形向审判人员违纪违法等更深层次延伸。注重日常情报搜集、信息积累，注重发现并移送审判人员职务犯罪线索，并配合有关部门做好查办工作。注意跟踪监督民事诉讼和民事执行活动中是否存在无正当理由超审限审理案件、违法送达法律文书、违法公告、违法调解、剥夺当事人辩论权利、违法采取诉讼保全措施等情形，依法发出检察建议，督促及时予以纠正，切实维护诉讼当事人合法权益。全年共受理民事审判活动违法监督案件 203 件，发出审判活动违法监督检察建议 152 件，法院采纳 138 件。三是强化民事执行监督。不断加强对明显超标的执行、消极执行等违法情形的监督，积极支持和推动人民法院规范民事执行工作，解决执行难问题。继续开展民事行政非诉执行监督专项活动，对发现的未穷尽财产查询措施、违法终结执行，超标的超时限查封、冻结，迟延发放执行款、超期送达法律文书等执行活动违法问题，积极履行监督职责，提出检察建议，督促人民法院整改纠正，促进人民法院执行活动规范开展。加强与人民法院个案沟通，建立信息共享、互联互动常态机制、和解息诉职能整合机制等衔接机制，促进解决执行难。全年共受理民事执行活动监督案件 910 件，发出审判活动违法监督检察建议 432 件，法院采纳 396 件。四是突出民事虚假诉讼监督。通过深入了解虚假诉讼特点和规律，将办案重点向基层下沉、办案程序向前延伸，针对虚假诉讼多发易发领域进行前置审查等方法技巧，围绕扫黑除恶专项斗争活动重点，积极移送涉黑涉恶及"套路贷"案件线索，持续加大对虚假诉讼监督力度，虚假诉讼监督工作取得较大突破。

（三）完善工作机制，强化业务指导，全面提升民事检察监督质效

一是成立民事行政诉讼监督及公益诉讼专家委员会。充分借助外脑，发挥专家咨询研判作用，全面提高监督能力，经过推荐、筛选、政审等严格程序，自治区人民检察院印发聘请民事行政诉讼监督及公益诉讼专家委员会第一批专家决定，完成了民事行政诉讼监督及公益诉讼专家委员会组建及第一批专家聘请工作。第一批专家由相关领域的专家学者、资深律师、离退休审判、检察业务专家、有法律背景的人大代表、政协委员等社会力量组成。印发民事行政诉讼监督案件及公益诉讼案件专家咨询论证工作办法，进一步提高民事行政诉讼监督案件及公益诉讼案件的办案质量和水平，推进民事行政、公益诉讼检察队伍专业化、规范化建设。组织召开首次民事行政公益诉讼检察监督案件专家咨询论证会，进一步贯彻落实最高人民检察院张军检察长"借助智慧、用好'外脑'"的重要指示精神和最高人民检察院相关业务工作要求，最大限度发挥好专家委员会的积极作用，促进提升检察办案的精准度和影响力，实现检察办案政治效果、法律效果和社会效果有机统一，为人民群众提供更多更优的检察产品和法治产品。二是构建良性互动的新型律检关系。进一步加强检察机关民事检察、行政检察与律师法律服务工作协作配合，发挥法律职业共同体作用，促进依法行政、公正司法。联合自治区司法厅、自治区律师协会印发加强民事检察、行政检察、检察公益诉讼与律师法律服务工作协作配合意见，从尊重和保障律师执业权利、设立民事检察咨询专家库、建立民事行政案件息诉工作协作机制、联席会议制度等方面进行详细规定。三是加大对下指导调研力度。认真贯彻落实最高人民检察院张军检察长的讲话精神以及自治区人民检察院崔智友检察长在内设机构改革工作会议上的指示精神，进一步提高办案效率，为人民群众提供更多优质民事检察产品。自治区人民检察院内设机构改革完成后迅速行动，深入贯彻执行抗诉案件分片指导制度，调整落实对应指导组派员参加市级检察院结案时案件讨论的规定，加强抗诉案件指导力度，充分

了解基层工作实际情况，着力解决困难和突出问题。

（四）提升监督素能，加强队伍建设，着力展现民事检察工作新风貌

一是推进民事检察队伍专业化建设。弘扬新时代检察职业精神，严格防控风险点，规范接待当事人及其委托代理人制度，规范接收案件材料和转办案件程序，坚决落实过问干预办案登记制度。坚持学习教育常态化制度化，在"学"上深化拓展，用党的理论创新成果武装党员干警头脑。坚持在"做"上对标践行，把合格党员标准立起来，主动融入中心大局，立足岗位，扎实做好各项检察工作。二是加强业务培训和研判工作。推行检察官教检察官，增强教育培训实用性和时效性，充分利用远程视频会议系统，鼓励检察官进行案例教学，积极组织对下辅导讲座。举办全区检察机关民事行政检察新进人员网络培训班，全面提升民事检察队伍办案能力和水平。充分利用"检答网"，加强检察业务咨询交流，促进办案能力提升。三是强化民事检察业务宣传力度。加大民事检察工作宣传力度，加强与宣传部门沟通合作，提高宣传常态化水平，大力宣传民事检察工作职能和成效。加强和媒体合作，积极运用门户网站、"两微一端"等新媒体，充分发挥传统媒体和新媒体在民事检察工作宣传上的作用，提高社会公众对民事检察工作的知晓度、认可度和参与度。

三、2020 年工作发展思路及措施

（一）找准民事检察工作与经济社会发展的结合点，主动服务经济社会持续健康发展

重点围绕党中央关于打好三大攻坚战和自治区党委政府一系列重大决策部署，立足民事检察职能履职尽责，为经济社会持续健康发展提供法治保障。坚决贯彻落实党中央关于支持民营经济发展的政策，加强与各级工商联部门、非公经济组织等沟通联系，主动听取民营企业家意见，密切关注社会反映强烈的企业融资互联互保案

件和产权纠纷案件，建立健全专业化办案机制，保护民营经济健康发展。

（二）以推进专项活动为抓手，带动民事检察监督工作深入开展

以开展虚假诉讼领域深层次违法行为监督专项活动为抓手，进一步强化对生效裁判、审判人员违法和民事执行的检察监督。认真贯彻落实自治区人民检察院、自治区高级人民法院、自治区公安厅、自治区司法厅联合印发的防范和查处虚假诉讼若干意见，突出加强对民事虚假诉讼监督，推动全区虚假诉讼监督工作向常态化方向发展。积极探索破产程序的检察监督，以点带面，稳妥有序推进监督工作开展。

（三）加强制度机制建设，规范监督标准、方式和程序，努力提升监督效果

科学界定民事诉讼精准监督的标准，坚持检察监督的法定性与必要性相结合，适当偏重监督办案的政治效果和社会效果，以能否实现监督的目的来判断，兼顾司法政策和背景，立足于整体法律价值实现，摒弃机械监督、就案办案。完善抗诉、再审检察建议、检察建议等多元化监督格局，合理区分抗诉、再审检察建议、检察建议的适用范围。优化监督程序，合理配置司法资源，提高监督办案效率。建立健全案件跟踪、跟进监督制度，善于运用民事监督调查核实权，提高办案精准度和监督权威性。

（四）充分发挥外力外脑作用，着力提升民事检察监督“精细化”和影响力

依托自治区人民检察院民事行政诉讼监督及公益诉讼专家委员会，充分发挥相关领域的专家学者、资深律师、离退休审判、检察业务专家、有法律背景的人大代表、政协委员等社会力量，对属于重大疑难复杂案件、新类型案件等有典型意义案件引入专家咨询论证机制，充分借助外脑外力，提升民事检察监督“精细化”和影响力。

（五）加大业务培训工作力度，努力提高民事检察队伍能力素质

通过设立民事检察大讲堂，推行检察官教检察官、以案代训，邀请优秀法官、律师、法学专家授课等方式，推进业务培训工作常态化开展。推广应用好"检答网"，加强检察业务交流学习。定期组织开展新业务、新知识等前沿知识讲座，加强对办理土地权属纠纷、互联网、金融、知识产权等新领域、新类型案件培训，不断改善与更新民事检察办案人员知识结构和工作理念。

行政检察工作

　　行政检察工作"一手托两家"，发挥着监督人民法院公正司法和促进行政机关依法行政的双重作用，是"四大检察"法律监督格局和国家法治监督体系的重要组成部分。行政检察部门主要职责是：对人民法院行政诉讼活动的法律监督，对审判监督程序以外的其他行政审判程序中审判人员的违法行为提出检察建议，对行政执行活动实行法律监督，对行政机关在行政诉讼中的违法行为进行监督。2019年，广西检察机关行政检察部门紧紧围绕做实行政检察工作，坚持以理念变革为引领，以办案为中心，持续推进行政检察工作，取得阶段性新进展。

一、基本情况

　　2019年，广西检察机关共受理行政检察监督案件501件，同比上升30.5%。其中，行政生效裁判监督案件344件，审查后提出抗诉5件，同比下降44.4%；提出检察建议126件，同比下降12.5%，不支持监督申请146件，同比下降14.1%；受理行政审判程序中的违法行为监督案件5件，同比下降16.7%；受理行政执行活动监督案件75件，同比上升108%。

　　（一）行政裁判结果监督案件快速增长，案件分布呈"倒三角"

　　中国特色社会主义进入新时代，人民群众对公平正义的需求在行政案件中得到越来越多体现，一些行政争议成为人民群众的烦心事，行政诉讼监督案件呈现出数量持续上升、类型分布广泛、矛盾集中突出、息诉化解难度大等特点。全年共受理生效裁判监督案件

344 件, 同比上升 53.6%, 约占全部案件的 68.7%。其中自治区人民检察院办理 151 件, 市级人民检察院办理 175 件, 基层人民检察院办理 18 件, 行政裁判结果监督案件已经成为自治区人民检察院、市级人民检察院行政检察办案的重点, 但基层人民检察院的案件量较少。

(二) 案件涉及领域广泛, 山林、土地、水利"三大纠纷"领域案件突出

办理行政监督案件中, 涉及征地拆迁、林地确权、不动产登记、劳动与社会保障、公安治安管理、行政处罚、养老保险、政府信息公开等领域, 其中涉山林、土地、水利"三大纠纷"领域案件相对较多。全年共办理"三大纠纷"案件 93 件, 占办案总数的 18.6%。广西山林、土地、水利"三大纠纷"领域案件占办案总数的比重排在全国前列, 问题比较突出。

(三) 行政非诉执行监督案件成为基层行政检察工作重心

2018 年 3 月以来, 广西检察机关按照最高人民检察院部署, 认真组织开展行政非诉执行监督专项活动, 把行政非诉执行监督工作作为基层人民检察院做实行政检察工作的重要突破口。专项活动期间, 共受理行政非诉执行监督案件 51 件, 其中当事人申请监督 4 件, 依职权监督 47 件, 办结 50 件, 发出检察建议 34 件, 取得较好办案效果。由于行政监督案件分布呈"倒三角"形势, 基层人民检察院行政监督案件非常少, 行政非诉执行监督案件成为基层行政检察工作的重心。

(四) 申请监督者多缺乏法律知识, 释法说理难度大

受理的监督案件绝大部分为原行政诉讼的原告, 即行政相对人。申请人文化程度普遍不高, 有的年龄偏大, 大多都没有委托专业律师代理申诉, 且申请人普遍缺乏基本法律知识和诉讼技能, 申请人参加诉讼能力较弱, 对检察机关办案人员的沟通能力提出更高要求, 也加大了释法说理工作难度。

二、主要做法与成效

（一）找准服务大局的切入点结合点，不断提升行政检察工作质效和影响力

广西检察机关自觉把行政检察工作融入社会发展大局中去思考和谋划，进一步找准定位、改进方式，在服务大局中促进自身发展、提升影响力。重点围绕服务保障打好三大攻坚战、"一带一路"建设、民营经济发展等党和国家中心工作以及全区各级党委政府的工作部署，有针对性地加大行政检察工作谋划力度，增强行政检察工作服务发展、保障民生的效果。如根据近年来涉山林、土地、水利"三大纠纷"案件逐年增多，已成为影响全区经济社会发展稳定重大隐患的实际，广西检察机关坚持把依法妥善办理"三大纠纷"行政诉讼监督案件，作为贯彻打好三大攻坚战、践行新时代"枫桥经验"等党中央重大决策部署以及落实最高人民检察院关于做实行政检察工作要求的重要抓手，着力在形成工作合力、更新监督理念、完善办案机制、加强释法说理、提升监督能力等方面下功夫，确保取得良好办案效果，相关经验做法获《检察日报》头版报道及最高人民检察院《行政检察工作情况》刊发，并在全国检察机关行政检察工作座谈会上作了会议交流。

（二）坚持以办案监督工作为重点，进一步发挥行政检察监督职能作用

一是加强对生效裁判、调解书的监督。依托行政检察专家委员会制度，对于重大疑难复杂的行政诉讼监督案件，邀请法学专家、专家型法官、律师以及有法律背景的人大代表、政协委员参加评议、咨询和研判，对金融、知识产权等专业性较强的案件，探索行业专业人员辅助办案机制，促进提升办案能力和监督水平，提高办案质量和效果。全年共受理对行政案件生效裁判、调解书申请监督案件 263 件，提请抗诉 11 件，提出抗诉 5 件。二是加强行政审判程序违法监督。牢固树立实体正义与程序正义并重的司法理念，强

化行政审判活动监督，重点针对当事人反映强烈的未按法律规定送达法律文书、违法会见当事人、错误管辖、违法财产保全等违法行为，依法提出检察建议或纠正意见，促进法院纠正违法行为、改进审判工作。全年受理行政审判活动违法监督案件5件。三是加强行政执行监督。积极支持和推动人民法院行政非诉执行案件的立案、审理和执行工作，回应社会公众对执行难、执行乱等问题的关切。组织开展民事行政非诉执行监督专项活动，推动行政非诉执行监督工作向纵深发展。加强对行政执行活动监督，对明显超标的执行、消极执行、选择性执行、违法处置被执行财产等违法行为依法提出检察建议，依法维护当事人、利害关系人、案外人合法权益。全年受理行政执行活动监督案件75件，发出执行活动违法监督检察建议54件，法院采纳46件。四是抓实行政非诉执行监督。坚持把行政非诉执行监督作为行政检察的新增长点和破解基层行政检察作用发挥难的重要突破口，扎实开展行政非诉执行专项活动，完善与行政机关、人民法院工作衔接机制，积极积累办案经验。全年受理行政非诉执行监督案件51件。

（三）坚持以人民为中心，着力解决群众反映强烈的行政争议化解难问题

一是抓实申诉案件"3个月内办理过程或者结果答复"。"7日内程序回复、3个月内办理过程或者结果答复"，是检察机关将心比心办好群众信访的庄严承诺，是落细落实初心使命，办好群众烦心事、操心事、揪心事的实际检验。广西检察机关高度重视申诉案件化解工作，采取繁简分流措施，有效化解一批行政争议案件。全年共化解行政争议案件23件。二是抓实典型性、引领性案件的培养、总结，善于总结规律、提炼规则，形成典型性案例，努力做到做一件成一件、成一件影响一片。三是立足区域和本地实际，依法妥善办理涉及土地、山林、水利权属的"三大纠纷"等涉众型行政诉讼监督案件，深入开展"行政检察工作推进年"、民事行政执行监督"百日会战"、民事行政非诉执行监督等专项行动，形成行

政检察多元化监督格局。

（四）结合"不忘初心、牢记使命"主题教育，开展全区行政检察工作大调研，找准补齐工作短板的思路和措施

一是以开展"不忘初心、牢记使命"主题教育为契机，自治区人民检察院第七检察部派出调研组对近年来全区行政检察工作情况开展调研，先后到各市级人民检察院及其所辖部分基层人民检察院，走访自治区高级人民法院相关业务庭和北海、柳州市中级人民法院、自然资源、生态环境、城市管理行政执法等部门，通过召开座谈会、查阅案卷和台账、个别谈话等方式，全面了解近年来市县两级检察院行政检察人员配备、队伍专业化建设情况以及开展行政检察业务工作情况，掌握法院行政审判执行、行政机关开展行政非诉工作情况以及对行政检察工作的意见建议，研究制订做实行政检察工作的思路措施。二是以问题为导向精准施策，努力构建行政检察工作新格局。全区检察机关以构建自治区人民检察院和市级人民检察院以办理裁判结果监督案件为主、基层人民检察院以办理审判违法和执行监督案件为主，全区三级检察院各有侧重、全面履职的多元化行政检察工作新格局为抓手，着力破解行政检察工作面临的难题。三是以开展行政非诉执行监督专项活动为抓手，通过在环境资源、食品药品安全等重点领域部署开展"小专项"活动，帮助基层消灭案件空白。注重梳理总结专项活动中的好经验好做法以及存在的突出问题，研究措施加以改进，总结提炼典型案例和办案指引印发全区检察机关学习借鉴。桂林市兴安县人民检察院办理的某矿业公司违法占地非诉执行监督案入选最高人民检察院编发的"五起违法占地行政非诉执行监督典型案例"。四是组织全区检察机关检察理论研究骨干重点加强对行政检察内涵与外延、职权配置与运行规律等重大问题的研究，为行政检察工作创新发展提供理论引领与支撑。

三、2020 年工作发展思路及措施

广西检察机关行政检察部门将按照最高人民检察院和自治区人

民检察院党组部署要求，下大气力破解难题、补齐短板，全面履行好行政检察职能，为"四大检察"全面协调充分发展贡献行政检察力量，为人民群众提供更优更实更好的行政检察产品。

（一）完善多元化行政检察监督格局

一是完善多元化的监督方式，综合运用抗诉、再审检察建议、检察建议等行政诉讼监督方式，既可以发挥好抗诉的刚性监督作用，也能发挥好再审检察建议的同级监督优势，同时运用好检察建议这一灵活的法律监督方式。二是完善多元化的监督职能，促进裁判结果监督、审判违法行为监督和执行监督三项基本职能全面协调充分发展。推动行政诉讼监督从只注重裁判结果监督、实体违法监督向裁判过程与裁判结果监督并重、程序违法监督与实体违法监督并重、对人监督与对事监督并重转变。三是完善多元化工作格局，遵循行政诉讼监督规律，明确不同层级检察机关行政检察工作的侧重点，形成三级检察院各有侧重、密切配合、全面履职的多元化行政诉讼监督工作格局。四是完善多元化的衔接机制，既要建立行政检察与刑事检察、民事检察、公益诉讼检察的多元化衔接机制，发挥检察机关"四大检察""十大业务"的整体优势，又要加强检察监督与其他行政纠纷解决机制的对接，构建协商、调解、仲裁、行政裁决、行政复议、行政诉讼、行政检察有机衔接、相互协调的多元化纠纷解决机制，推动实质性化解行政争议。

（二）以精准化为导向提升办案质效

始终将办案作为第一要务，坚持"在办案中监督，在监督中办案"。一是全面客观审查案件，积极与承办法官、相关行政机关工作人员沟通，查清案件事实与背景、明晰争议实质与焦点，正确适用法律，论证充分严谨，进一步提高办案质量。二是优化司法资源配置，建立繁案精办、简案快办机制，提高监督精准度与权威性。三是重点对具有典型性、引领性的案件进行审查，做到精准，抓好典型性、引领性案件的监督，做到"做一件成一件、成一件影响一片"。四是对案件事实清楚、法律关系简单的案件，坚持提高效率但不降低标准、简化程序但不减损诉讼权利的原则，加快办案进度，让司法公正更好更快实现。

（三）促进基层行政检察业务实在化

基层检察工作是检察工作的基础，做实行政检察必须做实基层，做实基层行政检察，关键是促进其业务实在化。一是把促成当事人和解作为行政诉讼监督案件审查的必经程序，上级检察院在设置对下业务考评指标时，将促进和解、实质性化解行政争议工作纳入行政检察业务考评项目；案件质量评查时，将促成和解，实质性化解争议工作作为评查重点，全面评价行政检察工作。二是推行行政诉讼监督案件公开听证制度，探索不支持监督申请案件检察宣告制度，邀请人大代表、政协委员、人民监督员参加，做好检察环节释法说理、息诉罢访、维护稳定工作，有效化解行政争议和矛盾纠纷。三是以开展系列专项监督活动作为强化基层行政检察、做实行政检察的有效抓手，由上级检察院统一谋划部署和督促指导，形成上下合力，促进集中解决一批群众反映强烈的行政争议，切实增强人民群众的获得感。四是把行政非诉执行监督作为基层行政检察业务的新的增长点，聚焦人民群众反映强烈的自然资源、社会保障、环境保护、食品药品安全、减税降费等重点领域非诉执行难问题。

（四）努力形成行政诉讼监督合力

重点围绕行政裁判结果监督案件"倒三角"和行政案件集中管辖改革，加强上下联动和横向协作，促进行政检察职能全面履行和基层行政检察人员监督能力全面提升。一是建立办理行政诉讼监督案件统一调用辖区内检察人员机制，上级检察院办理重大复杂疑难行政诉讼监督案件，统一调配辖区内行政检察人员力量，采取交办、调用人员集中办案等办案机制，促进案件不均衡、人员少等问题解决。二是完善跟进监督机制，针对当前行政抗诉和再审检察建议改判率和采纳率低等问题，对监督意见正确但未被采纳的案件，上级检察院要加大跟进监督力度，认真研究，采取抗诉、再次监督、向领导机关汇报、与法院和行政机关沟通等形式监督到底。三是建立行政诉讼案件异地监督协作机制，适应对行政案件集中管辖改革的新要求，在监督法院依法审判和执行的同时，市级和基层人民检察院对于同级人民法院审理的异地行政案件，需要向异地行政机关提出监督意见的，应当先向异地检察机关发函协商，由异地检察机关向其同级行政机关提出监督意见。同时，加强向共同的上级检察院报告备案，便于上级检察院指导工作。

（五）着力提升行政检察队伍专业化能力

行政检察工作政治性、法律性、政策性、专业性都很强，更要强化专业素质的养成。一是把专业化建设摆在突出位置来抓，突出实战、实用、实效导向，培养更强的专业素质、专业能力、专业思维和专业精神。二是坚持检察官教检察官，加强分级分类培训，加强岗位练兵，加强实践磨砺，全面提升行政检察人员的法律政策运用能力、防控风险能力、群众工作能力、科技应用能力、舆论引导能力。三是充分运用好"检答网"这一业务学习平台，提升职业素养，解决疑难杂症。强化对典型案例的总结、编发和培训，加强典型案例指导。四是及时在检察门户网站部门"工作动态"信息栏目刊发最高人民法院、最高人民检察院典型案例、优秀案件和各地好的监督案件，编发行政检察工作情况，采取多种形式组织典型案例研讨，以案释法、以案学法。

公益诉讼检察工作

公益诉讼检察工作是践行以人民为中心的司法理念的必然要求,对维护和保障国家、社会公共利益,满足人民群众对民主、法治、公平、正义、安全、环境的更高需要,具有重大意义。公益诉讼检察部门主要职责是办理破坏生态环境和资源保护、食品药品安全领域侵害众多消费者合法权益等损害社会公共利益的民事公益诉讼案件,生态环境和资源保护、食品药品安全、国有财产保护、国有土地使用权出让等领域的行政公益诉讼案件,侵害英雄烈士姓名、肖像、名誉、荣誉的公益诉讼案件。2019 年,广西检察机关公益诉讼检察部门坚持新理念引领,依法全面履行公益诉讼检察职能,不断提升思想认识、加大办案力度、完善制度机制,推动公益诉讼检察工作持续健康发展。

一、基本情况

2019 年,广西检察机关共办理各领域民事公益诉讼案件 191件,与去年相比上升 46.92%;行政公益诉讼案件 1534 件,与去年相比上升 203.16%。其中,诉前程序案件 1528 件,与去年相比上升 191.05%;提起诉讼案件 94 件,与去年相比上升 108.89%。广西检察机关办理公益诉讼案件已实现法律授权范围内"4 + 1"领域全覆盖,相关工作做法在全国检察机关公益诉讼工作会议上作经验介绍,获得最高人民检察院张军检察长批示肯定,并获《人民日报》《检察日报》等主流媒体宣传推介。

（一）行政公益诉讼案件占办案数绝对多数，基层检察院是办案主力军

全年共办理民事公益诉讼案件 191 件（其中刑事附带民事公益诉讼案件 89 件），行政公益诉讼案件 1534 件，分别占案件总量的 11.07%、88.93%，两大类型案件的占比差距较大。行政公益诉讼案件上涨幅度为 203.16%，在民事公益诉讼、刑事附带民事公益诉讼和行政公益诉讼中的上涨幅度最大，且绝大多数的行政公益诉讼案件分布在基层。从案件层级分布来看，2019 年广西检察机关公益诉讼案件量主要集中在县（区）级检察机关，占案件总量的 97.6%，市级以上检察机关办案占比总量相对较低。

（二）民生民利领域案件占比大，人民群众获得感逐步增强

坚决贯彻落实最高人民检察院关于食品药品安全"四个最严"部署要求，深入开展食品药品安全领域专项监督活动，持续加大涉校园周边、网络餐饮、食用农产品等食品生产、销售法律监督力度，积极参与"非洲猪瘟"疫情防控工作。全年共办理食药领域诉前程序案件 277 件，占全部诉前程序案件的 18.13%；提起诉讼案件 20 件，占全部起诉案件的 21.28%，切实保障千家万户舌尖上的安全，人民群众的安全感、幸福感和获得感稳步提升。

（三）国有资产保护成效明显，英烈权益保护逐渐上升

国有土地出让金欠缴、人防异地建设费征收、财政补贴发放不规范等，是国家利益蒙受损失的突出表现。为切实维护国家利益，2019 年广西检察机关积极部署开展国有财产保护、国有土地使用权出让领域公益诉讼检察专项监督活动，共办理国有财产保护、国有土地使用权出让领域诉前程序案件 140 件，为国家挽回直接经济损失 2.31 亿元。认真贯彻实施英雄烈士保护法，深入开展捍卫英雄烈士荣誉与尊严专项行动，重点针对英雄烈士纪念设施欠缺修缮维护、环境卫生堪忧等问题加强监督，摸排线索 83 条，立查民事公益诉讼案件 1 件，发出行政诉前检察建议 76 件，督促相关行政机关依法整改，引导全社会营造缅怀、崇尚、学习英雄烈士的正气

和浓厚氛围。

（四）"等"外领域公益诉讼案件上升幅度大

文化是国家软实力的象征，文物古迹是文化的重要载体，信息安全是人民群众在新时代的迫切需求。近年来，广西检察机关积极回应社会关切，在积极办好"4＋1"领域公益诉讼案件基础上，迈向文化遗产保护、公民信息保护、公共卫生安全等新领域，慎重、积极探索"等"外公益诉讼。全年办理新领域案件 264 件，实现零突破。

（五）办案方式以审前诉讼程序为主，以提起诉讼为辅

检察机关开展公益诉讼，秉持双赢多赢共赢理念，目的在于规范执法、依法行政、为民用权，走良法善治之道，共同维护和保障国家、社会和人民群众的利益。全年共采用诉前程序办结案件占行政公益诉讼案件的 100%。

二、主要做法与成效

（一）始终坚持在党委领导、人大监督、政府支持之下实现公益保护

广西检察机关深入贯彻落实自治区党委办公厅、自治区政府办公厅《关于支持检察机关依法开展公益诉讼工作的通知》，通过专题工作报告、争取领导批示、推动出台文件等多种形式，积极争取同级党委、人大、政府对公益诉讼检察工作的领导和支持。自治区人民政府把设区市行政机关落实检察建议的情况纳入绩效考评体系。自治区十三届人大常委会第十一次会议听取并审议了自治区人民检察院关于开展公益诉讼检察工作情况的报告，对广西公益诉讼检察工作予以充分肯定，通过了广西壮族自治区人大常委会《关于加强检察机关公益诉讼工作的决定》，为广西公益诉讼检察工作提供了地方性制度保障。北海、贵港等 6 个地（市）级人大常委会听取了公益诉讼检察工作专项报告并出台了关于加强检察机关公益诉讼工作的决定，公益诉讼检察工作在党的领导下正蹄疾步稳地向前发展。

（二）以理念更新引领公益诉讼检察工作创新发展

积极践行"通过诉前程序实现维护公益目的是司法最佳状态"的司法理念，发出 1402 件诉前检察建议，整改率为 99.8%。贯彻恢复性司法理念，实现惩罚犯罪与修复治理有机结合。来宾市人民检察院依法对最高人民检察院、公安部、生态环境部挂牌督办的"3·14"非法跨省转移处置危险废物案提起民事公益诉讼，法院一审后判令 23 名被告共同赔偿当地环境损害直接经济损失、生态修复和鉴定评估等费用 4094.98 万元，并通过媒体向社会公众赔礼道歉，实现了打击一批犯罪分子、修复一处受损环境、警示教育一地社会面的良好效果。

（三）充分发挥检察一体化办案优势

检察办案一体化机制是检察机关各内设部门或上下级之间，在信息共享、线索移送、案件协查等方面构建的横向协同和纵向联动的一体化办案机制，对提升办案质效具有积极促进作用。自治区人民检察院出台细化了广西检察机关公益诉讼检察指挥协作工作办法，加强对全区公益诉讼案件的宏观指导、个案指挥、重点案件挂牌督办。防城港市等检察机关将原职务犯罪侦查指挥中心改造成为公益诉讼指挥中心，负责组织、协调、指导全市公益诉讼工作。经过推行一体化办案机制，广西检察机关公益诉讼工作合力进一步加强，排查线索、立查案件能力进一步提升。全年立查公益诉讼案件同比增长 171.23%，发出诉前检察建议同比增长 182.6%。

（四）探索建立公益诉讼检察工作保障体系

鉴定难、费用贵、人才紧缺、案件线索来源不足等是公益保护面临的老大难问题。为切实承担起维护公益职责，自治区人民检察院不懈努力争取获得了最高人民检察院批复，同意建设生态环境食品药品监测实验室，助力解决鉴定技术瓶颈问题。梧州市藤县人民检察院积极向当地县委、人大、政府汇报，得到大力支持，县人民政府建立广西首个公益诉讼专项基金，为解决环境公益诉讼涉及的各项费用来源难题提供了路径。建立专家辅助办案机制，设立公益诉讼专家委员会，借助外脑提升办案专业化水平。组织技术人员培训，切实提高运用技术手段调查取证的能力。

（五）努力汇聚公益保护强大合力

公益保护具有涉及部门多、范围广、时间跨度大、专业性强等特点，单靠检察机关开展公益诉讼难以形成联动效应。为切实保护公益、形成工作合力，自治区人民检察院积极与自治区民政、水利、环保、市场监督管理局等 14 家区直行政机关召开座谈会，联合签署了公益诉讼工作协作配合实施意见，明确建立检察建议研商、反馈、落实效果评估等 9 项工作机制。加强与法院沟通协调，形成共识，完善诉审衔接、统一司法尺度和标准。利用"两微一端"新媒体、召开新闻发布会、印发宣传手册等多种形式开展普法教育，展现工作成效，不断提升公益诉讼检察的社会知晓度和认同感，使公益保护意识深入人心，推动形成齐抓共管的强大公益保护合力。

三、2020 年工作发展思路及措施

（一）增强司法理念建设，为经济社会高质量发展提供有力法治保障

以"六破六立"精神推进思想再解放、理念再更新，全面落实坚持党的绝对领导原则和以人民为中心的发展思想，坚持双赢多赢共赢、"预防性司法"、精准监督的理念。以理念引领实践，切实为广西经济社会高质量发展提供更加优质的公益诉讼检察产品。

（二）健全完善制度机制，形成推动公益诉讼检察可持续发展巨大动能

健全重点领域公益诉讼检察与行政执法衔接机制，推动形成"等"外探索的规范性文件，慎重、积极探索安全生产领域、公民信息保护、大数据安全、互联网侵害公益等群众反映强烈、问题突出、依法可行的新领域公益诉讼。完善资源共享、案件线索移送、配合调查取证等工作机制，健全内部协调衔接工作和外部协作配合

机制，推动司法规范化运行。探索建立公益诉讼损害赔偿金管理使用机制。完善公益诉讼办案一体化机制，整合办案力量、技术装备等资源，完善交办、督办、参办、提办制度，探索异地管辖和跨区域合作制度，着力破除干扰阻力，解决调查取证、出庭应诉难等问题。加强对外开放合作，积极搭建跨省跨国检察机关公益保护合作机制，努力在更高层面、更广领域、更实合作上形成保护公益的广泛共识和强大合力。

（三）以办案为中心，着力打造人民满意的公益保护广西特色品牌

聚焦重点领域，强化专项监督，精准开展公益诉讼。认真办理"4+1"领域公益诉讼，探索"等"外领域公益诉讼，形成系统化的公益诉讼监督体系。依托沿海、沿边的区位特点，加强国际司法合作，发挥中越区域合作开展公益诉讼的优势，把办理好跨区域水污染、跨境倾倒废物污染等公益诉讼案件塑造成区域协同共治的典型，打造人民满意的公益保护广西特色品牌。加强与行政机关、社会组织协作联动，加大公益诉讼宣传深度和广度，凝聚更广泛更牢固的公益保护共识，打造保护公益社会治理共同体。

（四）组建专业化公益诉讼检察队伍

一是依层次分类别加强公益诉讼检察队伍专业化培训，深化典型案例指导。二是巧借外脑，充分发挥专家委员会作用，借助各方面智慧与力量推动检察公益诉讼科学性、精准性。三是加强干部交流，全面提升公益诉讼检察队伍的整体业务素能。

未成年人检察工作

　　未成年人检察工作是对未成年人涉嫌犯罪案件、侵害未成年人人身权利犯罪案件，履行审查批捕、审查起诉、法律监督、预防帮教等职能，有效整合检察机关各业务部门的未成年人检察工作和司法资源，实现保护未成年人工作的集约化和专业化，推动未成年人司法保护综合体系建设。未成年人检察部门主要职责是负责办理未成年人犯罪和侵害未成年人犯罪案件的审查逮捕、审查起诉、出庭支持公诉、抗诉，开展相关立案监督、侦查监督、审判监督以及相关案件的补充侦查，开展未成年人司法保护和预防未成年人犯罪工作。最高人民检察院和自治区人民检察院专设未成年人检察机构，标志着未成年人检察工作专业化建设进入新的发展阶段。2019 年，广西检察机关未成年人检察部门将未成年人司法保护理念转化为实际行动，找准方向，突出重点，不断强化未成年人检察工作，同时积极延伸职能，依靠各级党委领导，与民政、教育、共青团、妇联等密切配合，齐抓共管，共同维护未成年人成长成才，在加强创新社会治理方面取得明显成效。

一、基本情况

　　2019 年，广西检察机关受理审查逮捕未成年犯罪 3208 人，同比上升 10%；受理审查起诉 3355 人，同比上升 7.6%。经审查，共批准逮捕未成年犯罪嫌疑人 2582 人，同比上升 16.1%；不批准逮捕 626 人，占审结未成年人总数的 19.5%，同比下降 4.1%；起诉 2883 人，同比上升 19.6%；不起诉 228 人，占审结未成年人总数的 7.1%，同比下降 7.3%。对于检察机关起诉的未成年人犯罪案件，人民法院同期作出生效判决 2321 人，判处免于刑事处罚 3 人，没有判处不负刑事责任的案件，判处三年以下有期徒刑以下刑罚的（含缓刑）2034 人，没有无罪判决。批准逮捕侵害未成年人犯罪 2746 人，起诉侵害未成年人犯罪案件 3240 人。

（一）未成年人犯罪整体呈平稳态势

2015 年至 2019 年，全区检察机关受理审查起诉未成年犯罪分别为 2635 人、2822 人、2710 人、3119 人、3355 人，占受理审查起诉刑事犯罪总人数的比例分别为 5.39%、5%、4.6%、4.84%、4.8%，呈现比较平稳趋势。除了未成年人口基数增长因素外，这一趋势也说明近年来加强对未成年人的法治教育、特殊保护、犯罪预防取得一定成效。

（二）侵害未成年人权益犯罪有所上升，尤其是性侵害未成年人犯罪上升较为明显

对于侵害未成年人权益犯罪，共批准逮捕 2746 人，起诉 3240 人，同比分别上升 17.6%、28.9%。其中，对于侵害不满 14 周岁未成年人权益的犯罪，批捕 999 人，起诉 1147 人，同比分别上升 9.9%、15.6%。性侵害未成年人犯罪有全面上升趋势。在起诉的侵害未成年人权益犯罪中，强奸罪 664 人（同比上升 25%），猥亵儿童罪 133 人（同比上升 46.2%），组织卖淫罪、强迫卖淫罪、协助组织卖淫罪 65 人。实践中，除猥亵儿童罪等可能存在极少量男性未成年被害人外，绝大多数被害人为女性未成年人，其中 14 周岁以下女童、留守女童占很大比例。另外，涉及校园欺凌严重暴力犯罪有所下降，全年共批捕 86 人，起诉 64 人，同比分别下降 34.4%、55.6%。

（三）未成年人犯罪主要集中在盗窃罪、抢劫罪等罪名上，值得特别关注

2019 年，起诉未成年人犯罪较多的是：盗窃罪 600 人（占 20.8%），抢劫罪 485 人（占 16.8%），寻衅滋事罪 537 人（占 18.6%），聚众斗殴罪 262 人（占 9.1%），组织、领导、参加黑社

会性质组织罪13人（占0.4%），这反映出黑恶势力、犯罪团伙拉拢控制未成年人犯罪问题需要重视。

（四）对未成年人特殊保护性司法措施适用良好

未成年人犯罪案件不捕率为19.5%，不起诉率7.1%，对未成年人犯罪嫌疑人在审查起诉阶段释放或变更强制措施共9人，主动开展社会调查681次，委托司法行政机关、社会组织开展社会调查146次。近年来检察机关与其他政法机关密切配合，推动未成年人司法规范化程度不断提升，特别是公安机关近年来主动对涉罪未成年人成长经历、犯罪原因、监护教育等情况开展社会调查，检察机关补充进行社会调查的数量有所下降。

二、主要做法与成效

（一）深入普法，坚实守卫校园安全

主动作为推进平安校园建设，联合搭建未成年人健康成长防护网，积极推进"一号检察建议"的监督落实工作，充分发挥法治副校长履职作用，深入开展法治进校园巡讲活动，坚实守卫校园安全。2018年10月最高人民检察院向教育部发出"一号检察建议"以来，广西检察机关与教育部门等联合出台建立健全全区检察机关与教育部门沟通联系机制实施意见等97份文件，建立工作机制84项，开展座谈交流396次，专项检查266次，查访学校幼儿园875所，发现问题200个，提出检察建议98件，督促问题整改133个，积极推动教育部门就学生防性侵工作、教职工队伍管理、学校安全监管等方面进行完善。同时，注重源头预防，法治进校园取得新进展。在各大中、小学建立青少年法治教育基地37个，在1000多所中小学、幼儿园、中职等学校开展法治进校园活动，覆盖师生、家长200余万人。推行检察长担任各中小学法治副校长，全区三级检察院领导已全部在辖区内各中小学校担任法治副校长，共进入472所学校开展法治宣传活动。自治区人民检察院在全区范围内抽调业务过硬的青年干警组成"八桂护未队"巡讲团，在14个市以及宁

铁系统学校、幼儿园等开展 43 场法治巡讲。着眼于农村留守儿童
集中地以及性侵害未成年人案件多发地，实地走访农村留守儿童集
中、城乡接合部、贫困村等辖区内的中小学校，共开展法治宣传
466 次，巡讲 17 场，创建"儿童家园" 30 余个。自治区人民检察
院分别在乐业县同乐镇丰洞村，凤山县松仁村、坡心村、谋爱村创
建了 4 所自治区示范性"儿童家园"。

（二）惩救结合，推进落实捕诉监防一体化工作模式

贯彻"教育、感化、挽救"的方针和"教育为主、惩罚为辅"
原则，以保护未成年人权益、预防再犯、帮教未成年人为出发点、
着力点和落脚点，认真落实刑事诉讼法关于未成年人刑事案件特殊
程序的要求，最大限度保障涉罪未成年人合法权益。针对涉罪未成
年人身心尚未成熟的特点，广西检察机关在办案过程中全面实施权
利义务告知、法律援助和法定代理人、合适成年人到场制度，切实
保障涉罪未成年人刑事诉讼权利，实现对涉罪未成年人权利义务告
知、法律援助和法定代理人、合适成年人到场全覆盖。2019 年，
广西检察机关未成年人检察部门在审查逮捕、审查起诉环节，共开
展强制辩护 614 人次，开展社会调查 681 人次，通知涉罪未成年人
的法定代理人到场参与讯问 944 人次，邀请合适成年人到场 348 人
次，提供心理救助 77 次，对 92 名符合条件的未成年犯罪嫌疑人作
出附条件不起诉决定。落实未成年人特殊程序，帮助 33 名涉罪未
成年人重返校园和重新就业。

（三）密切配合，齐抓共管，形成未成年人保护工作合力

坚持双赢多赢共赢理念，争取党委政府支持，与有关行政机
关、群团组织等在未成年人保护方面积极沟通，相互支持，努力形
成齐抓共管的良好局面。与共青团委等单位共同开展青少年维权岗
创建活动，有力激励各地未成年人保护工作的开展。贯彻落实最高
人民检察院、共青团中央共同签署的《关于构建未成年人检察工
作社会支持体系合作框架协议》，推动健全完善未成年人司法社工
等专业社会力量参与涉案未成年人帮教、救助工作机制，提高广西

未成年人司法保护的质量和效果。全区检察机关共 86 个单位获评自治区级妇女儿童维权岗，南宁市人民检察院公诉一处等 6 个单位获评全国维护妇女儿童权益先进集体，4 名同志获评全国维护妇女儿童权益先进个人，柳州市柳北区人民检察院和钦州市钦南区人民检察院苏慧同志分别获评第四届全国未成年人思想道德建设工作先进单位和先进工作者称号。

（四）全面护航，构建未成年被害人综合司法救助体系

认真贯彻落实最高人民检察院《关于全面加强未成年人国家司法救助工作的意见》，始终秉持儿童利益最大化原则，牢固树立对未成年人权益特殊保护和优先保护理念，对因遭受犯罪侵害陷入困境的未成年人，综合运用法律援助、经济救助、心理疏导、监护干预、就学就业安置等手段，积极构建未成年被害人综合司法救助保护体系。如柳州市城中区人民检察院在办理柳江大桥"12·30"交通肇事案时，积极开展司法救助工作，向其中一个有未成年子女的被害人家庭发放司法救助金 10 万元，给被害儿童及其家庭送去司法温暖。北海市海城区人民检察院在办理一起精神病患者"杀妻案"时，积极联系北海市心理咨询师协会，对被告人未成年的儿子开展心理辅导，并申请发放 1.5 万元国家司法救助金，帮助未成年人恢复生活与学习。广西检察机关通过提高司法救助水平，切实保障未成年被害人和因监护人涉案而陷入困境的未成年人的合法权益。2019 年，全区检察机关联合相关部门共开展亲情会见 203 次，心理测评 27 次，心理疏导 34 次，亲职教育 138 次，帮助教育 26 次，司法救助未成年被害人 20 人，发放救助金 20 万元。截止目前，全区检察机关已建立 6 个社会观护基地，观护对象的不良心理和行为得到有效矫正，无违法违纪行为发生，无一重新犯罪，帮教挽救成效明显。

三、2020 年工作发展思路及措施

2020 年，广西检察机关将坚持以习近平新时代中国特色社会主义思想为指引，遵循"讲政治、顾大局、谋发展、重自强"的

总体要求和"落实、稳进、提升"的总基调，从满足新时代人民群众更高需求的高度，推动党的未成年人检察事业不断深化，推动未成年人检察司法保护工作更加扎实、深入开展，把国家法律保护全面落实到位，真正形成全社会保护合力。

（一）更新司法理念，引领未成年人检察工作创新发展

坚定不移实行"教育、感化、挽救"方针，坚持教育为主、惩罚为辅的原则，对涉案罪错未成年人一体贯彻好"保护、教育、管束"未成年人检察办案理念。准确把握涉未成年人案件的特点规律，坚持双向保护的办案基本原则，既要注重维护涉罪未成年人的合法权益，也要切实维护未成年被害人的权益，维护好社会秩序和公共利益，努力实现双向保护的平衡、协调，确保办案"三个效果"有机统一，实现双赢多赢共赢。

（二）严厉打击侵害未成年人犯罪，做实做好未成年被害人保护救助工作

坚持挂牌督办严重侵害未成年人犯罪案件，强化跟踪指导。对重大犯罪案件及时介入侦查活动引导取证，从严从快批捕、起诉。加大指控犯罪力度，依法准确提出量刑建议，积极适用从业禁止、禁止令，确保罚当其罪。依法监督纠正有案不立、有罪不究问题，对确有错误的判决裁定及时提出抗诉。认真落实最高人民检察院《关于全面加强未成年人国家司法救助工作的意见》，针对未成年被害人的具体情况，会同有关部门或借助专业力量，实施多元综合救助，帮助被害人及其家庭摆脱困境。研究制定办理性侵害未成年人犯罪案件有关工作规定。推行未成年被害人"一站式"询问、救助工作机制。

（三）依法惩戒、精准帮教涉罪未成年人

坚持教育、感化、挽救的方针和教育为主、惩罚为辅的原则。克服简单从轻、单纯打击和帮教形式化问题，在对涉嫌轻微犯罪的未成年人依法从宽处理的同时，加强和改进未成年人重罪案件办理和帮教工作，保持必要的司法威慑。严格落实特别程序，准确适用

认罪认罚从宽制度，发挥办案在帮教挽救中的基础作用。继续推行人格甄别、心理干预等制度，强化和规范社会调查，提高帮教针对性、专业性和实效性。总结推广保护处分、临界预防、司法训诫、强制亲职教育等创新做法，积极开展对未达刑事责任年龄等重点群体未成年人的处置、教育工作。

（四）推动未成年人保护社会治理体系现代化建设

针对发现的未成年人保护工作中的突出问题，有针对性提出检察建议，努力做到"办理一案、治理一片"。坚持对涉未成年人的重点领域、重点问题进行监督，着重推进对校园安全管理、预防性侵害未成年人、宣传报道侵犯未成年人合法权益等问题的监督，定期向党委政府报送未检专项报告，深入分析涉未成年人案件发案动向、成因，提出完善未成年人保护社会治理的对策建议。与教育部门加强配合，持续抓好最高人民检察院"一号检察建议"落实，共同开展调研督导，完善校园安全管理机制，建立健全性侵害未成年人违法犯罪信息库和入职查询等制度。贯彻落实最高人民检察院、共青团中央《关于构建未成年人检察工作社会支持体系的合作框架协议》，探索推行性侵害案件未成年被害人"一站式"询问机制，加强观护基地建设等工作，在党委政法委统一领导下，加强与其他政法机关、教育、民政、共青团、妇联等单位的联系配合，形成未成年人司法保护工作合力。

（五）加强未检业务规范和办案质量管理

推进未检办案方式和专用文书改革，完善未检业务办案程序。进一步明确未检刑事检察受案范围，研究规范"捕、诉、监、防"一体化办案工作机制。实现案件质量评查经常化制度化，加强对全区未检案件质量评查，确保未检特别程序、特殊要求落实到每一个案件中。健全完善未成年人热点敏感案件快速反应机制，强化风险意识，加强指导协调，做好依法处理、释法说理、矛盾化解、舆论引导等工作，防止恶意炒作，确保办案政治效果、法律效果和社会效果有机统一。

（六）加强沟通合作，推动形成未成年人保护的社会化合力

加强与人大代表、政协委员联络工作，及时向人大代表、政协委员汇报未成年人检察工作情况，邀请代表委员参加未成年人检察重要活动，从实从细做好代表委员有关未成年人司法保护的议案、建议和提案办理工作，积极争取代表委员对未成年人检察工作的关注和支持。加强与综治、共青团、妇联、民政、学校、社区、企业等方面的联系配合，积极促进党委领导、政府支持、社会协同、公众参与的未成年人犯罪帮教社会化体系建设，共同做好涉罪未成年人帮教考察和犯罪预防工作。明确工作原则、范围和方式，实现专业化办理和社会化工作有效衔接。最大化利用各方资源，实现全局联动，共同推动未成年人检察工作科学、全面、可持续发展。

（七）强化未成年人检察队伍建设

加大业务培训力度，充分利用各方面资源，精心组织多场次多层级多专题未成年人检察业务实体班、网络班，扩大培训覆盖面，深入挖掘和充分发挥"检答网"作用，有效提升未成年人检察队伍素养和专业水平。组织对公开审理的涉及未成年人犯罪案件的出庭观摩活动，交流经验，增强出庭公诉能力。建立未成年人检察办案人才库、理论研究人才库，发现、培养一批政治素质高、业务能力强，热爱未成年人检察工作的专家型人才。

控告申诉检察工作

　　控告申诉检察工作是检察机关在新时代践行以人民为中心的司法理念，着力回应民众呼声，帮助解决人民群众烦心事、揪心事的一项重要工作。控告申诉检察部门主要职责是：负责受理向人民检察院的控告和申诉，承办人民检察院管辖的国家赔偿案件和国家司法救助案件。控告申诉检察职责经历了发展演进的过程，从最初的统一受理控告、检举、申诉和自首，按照管辖移送案件线索，承办分管的控告申诉案件等，向接受报案、控告、举报、申诉，落实控告申诉首办责任制进行检查督促，开展国家赔偿和国家司法救助等职责转变。虽然不同时期有各自职责特点，但控告申诉检察司法为民的理念始终一脉相承，贯穿始终。2019年，广西检察机关控告申诉检察部门以内设机构改革为契机，科学研判新时代控告申诉检察工作面临的新形势新任务，聚焦监督主责主业，积极践行新时代"枫桥经验"，着力提高全区检察机关依法处理涉检信访案件、化解社会矛盾、源头治理涉检信访问题的能力和水平，各项工作成效明显。

一、基本情况

　　2019年，广西检察机关共受理各类信访15465件，同比上升39.36%。受理刑事申诉案件750件，同比上升20.19%，公开审查9件，同比下降81.25%。受理刑事赔偿申请86件，同比上升28.36%，支付赔偿金181.618万元，同比下降8.28%。受理国家司法救助1058件，同比上升2.03%，发放救助金1428.999万元，同比上升30.93%，其中对扶贫对象救助498人，发放救助金

480.256 万元。广西检察机关各项控告申诉核心数据业务排名居全国前列，人民群众满意度逐年攀升。

（一）信访案件居高不下，呈现一升一降的特征

全年共受理各类信访 15465 件（次），同比上升 39.36%。从频次上看，首次信访 15323 件，占信访总量的 99.08%，同比上升 40.97%；重复信访 142 件，占信访总量的 0.92%，同比下降 37.44%。由此可知，广西检察机关信访压力依然较大。

（二）信访涉及范围广，种类较多

全年受理各类信访案件主要包括举报、控告、申诉以及其他类型的信访案件。其中，受理举报 1129 件，同比上升 76.41%；受理控告 1013 件，同比上升 51.87%；受理控告申诉"三机关"（公安机关、检察机关、审判机关）及其工作人员违法违纪 284 件，同比上升 64.16%；受理非民行类申诉 5826 件，同比上升 30.45%；受理民行申诉 5125 件，同比上升 55.78%；受理赔偿申请 156 件，同比上升 39.29%；受理其他信访 1932 件，同比上升 10.46%。由此可知，广西检察机关受理的控告申诉等信访案件类型不断增多，涉及范围广，处理工作难度不断增大。

（三）受理刑事申诉案件总量大，但立案复查比重较低且呈下降趋势

全年受理不服检察机关处理决定申诉案件 253 件，占刑事申诉案件总量的 33.73%，同比上升 53.33%；立案复查 145 件，同比下降 3.98%。受理不服人民法院生效刑事裁判申诉案件 497 件，占刑事申诉案件总量 66.27%，同比上升 8.28%；立案复查 77 件，同比下降 46.15%；复查结案 192 件，复查息诉 18 件。

（四）维护案件当事人权益的力度增强，国家赔偿制度得到有效落实

全年受理刑事赔偿申请 86 件，同比上升 28.36%，立案 78 件，结案 77 件，其中给予赔偿 53 件，执行赔偿 27 件，支付赔偿金

181.618 万元；不予赔偿 24 件，申请复议 19 件，同比上升 26.67%。受理刑事及民行诉讼赔偿监督 14 件，同比上升 27.27%。受理行政赔偿监督 3 件，同比上升 50%。

（五）国家司法救助案件总量基本持平，救济金额有所提高，助力脱贫攻坚成效明显

全年受理国家司法救助 1058 件，同比上升 2.03%；发放救助金 1008 件 1452 人 1428.999 万元，同比分别下降 1.56%、上升 3.57% 和上升 30.93%。对因案致贫、因案返贫刑事被害人的司法救助力度逐年增强，全年救助扶贫对象 280 件 498 人，分别约占司法救助件数和人数的 27.78% 和 34.30%。对扶贫对象发放救助金 480.256 万元，约占发放救助总金额的 33.61%，同比上升 54.57%。这反映 2019 年广西检察机关部署开展"深入推进国家司法救助助力脱贫攻坚"专项活动，推进司法救助工作重点对接脱贫攻坚工作，最大限度发挥国家司法救助的人权保障和司法人文关怀作用，取得良好成效。

二、主要做法与成效

（一）提高政治站位，把广西控告申诉检察纳入国家整体安全统筹谋划推进工作

2019 年，广西检察机关紧紧围绕国家整体安全的需要，紧密结合广西沿海沿边的区位特点和多民族人口分布、经济基础薄弱的基本特征，把控告申诉检察纳入国家整体安全统筹谋划推进。以扫黑除恶专项斗争为抓手，加强对涉黑涉恶信访和"保护伞"举报线索的排查梳理，优先办理，在稳固国家政权中发挥检察职能作用。紧盯敏感节点，维护社会稳定秩序。依托控告申诉检察职能，在全国全区"两会""东盟博览会""新中国成立七十周年"等重要节日及重大活动期间，开展重要时段、敏感节点风险排查，严格落实领导带班、值班、巡查机制，领导接访制度，"日报告""零报告"制度，加强对非法上访人员的排查管控力度，做好风险防

范措施。坚持做到"守土有责、守土负责、守土尽责",切实担负起化解社会矛盾纠纷,维护国家安全的职责。

（二）坚守为民理念,在办案中践行广西控告申诉检察初心使命

人民是历史的创造者,社会发展成果来自于人民,也必须惠泽于人民。广西检察机关紧紧围绕司法为民的检察理念,坚持在办案中践行检察初心使命。一是践行"7日内程序回复、3个月内办理过程或结果答复"制度,坚决做到群众来信件件有回复,切实解决好群众最关心最直接最现实的利益问题,让群众在每一封来信处理过程中感受到公平正义,不断增强人民群众的获得感、满意感、幸福感。二是坚持以办案为中心,加大刑事申诉案件的办理力度。广西检察机关认真贯彻落实中央政法委《关于切实防止冤假错案的规定》,畅通申诉人诉求表达渠道,妥善处理申诉人反映的诉求,依法保障申诉人合法权益。三是积极探索多元化国家司法救助模式,更加关注对弱势群体刑事被害人及其家属的司法救助。贺州市人民检察院加强与扶贫、民政、共青团、妇联、残联等相关部门合作,共同出台相关救助文件,开展立体式多元化司法救助。桂林市人民检察院明确"四类重点救助对象"即贫困户、军人家属、未成年人、残疾人,对这四类重点人群启动快速审核、审批、发放程序,打通办理"绿色通道",有效提升办案效率。四是强化人权司法保障,坚决践行国家赔偿制度。

（三）积极探索多元息诉化解矛盾纠纷机制,践行新时代"枫桥经验"

认真贯彻落实中央政法委《关于建立律师参与化解和代理涉法涉诉信访案件制度的意见（试行）》,积极与司法行政机关、律师协会进行沟通协调,建章立制,确保律师参与化解涉法涉诉信访工作扎实、有序开展。在明确律师参与化解和代理涉法涉诉信访案件范围的同时,采取多种形式,充分发挥律师参与化解和代理涉法涉诉信访案件的独特优势,充分保障当事人的基本权利,在检察官

与案件当事人之间搭建起沟通的桥梁，增强信任度。更加注重对信访人释法说理，促使信访人息诉息访，有效化解疑难信访案件。

（四）完善基础配套设施，提升服务能力和水平

一是加快建设远程视频接访室，依托远程视频技术，创新办案方式方法。广西检察机关大力挖掘远程视频接访系统深度应用于司法办案的潜力，指导各级检察院开展跨地域视频接访，让"科技多跑路，群众少跑腿"，推动信息化建设和法治化建设同步发展提升，让检察信息化、智能化成果惠及更多群众，让人民群众在每一个案件中不仅能感受到公平正义，更能感受到关怀和尊重。二是推动 12309 检察服务中心再升级，不断满足新时代人民群众日益增长的司法新需求。根据最高人民检察院《关于 12309 检察服务中心建设的指导意见》统一要求，广西检察机关在原有的"综合检务服务中心"功能基础上，升级改造建设"12309 检察服务中心"，作为统一对外综合服务平台，为广大群众提供一条龙、一揽子、一站式检察服务。深度推进来信、来访、网络、电话控告申诉于一体的"网上网下信访一体化"建设，提升 12309 司法服务质效。

三、2020 年工作发展思路及措施

2020 年，广西检察机关控告申诉检察部门将严格按照党的十九届四中全会关于推进国家治理体系和治理能力现代化总体要求，把坚持以人民为中心的发展思想体现到控告申诉检察工作各方面，采取确实有效的措施推动各项工作稳步向前。

（一）加强政治建设，以政治引领控告申诉检察向纵深发展

政治和业务是一体两面，政治引领业务，业务反作用于政治，两者辩证统一，必须持续抓好政治建设，助力业务提升。一是深入学习贯彻习近平新时代中国特色社会主义思想，立足新时代人民群众对民主、法治、公平、正义、安全、环境等提出的更高要求，把坚持以人民为中心的发展思想体现到控告申诉检察工作各方面，采取一系列主动跟进的思路举措，增强广大控告申诉检察干警的政治

自觉、思想自觉、行动自觉，推动各项工作稳步向前。二是增强"四个意识"，坚定"四个自信"，做到"两个维护"，把习近平总书记关于治国理政的重要论述和党的十九届四中全会关于国家治理体系和治理能力现代化要求，融入到化解社会矛盾的控告申诉检察业务中指导实践。三是建立健全风险防控、风险研判、风险评估机制，集中开展矛盾排查化解活动，扎实做好重点人群的风险防范。

（二）坚持以人民为中心，为人民群众提供更优更实更好的检察产品

一是全面落实"群众来信件件有回复"制度，规范来信回复工作，实行"日清日结，随办随回复"。加强对党委政法委、人大常委会、政协等机关转办信件的办理与答复，及时向相关机关报告办理情况，及时答复信访人。二是推行群众"最多访一次"做法。压实首办责任，对群众信访事项马上办、简易办、一次办，依法及时就地解决群众诉求，最大限度减轻群众"访累"，减少重复信访。三是加强网上信访的宣传和服务质量。提高 12309 网上信访系统、移动客户端（APP）和微信公众号信访的普及率，为人民群众提供优质高效快捷的服务。

（三）优化创新检察监督，主动融入现代化国家治理体系

一是建立健全联合接访工作机制。坚决贯彻落实"谁执法谁普法"的普法责任制要求，把释法说理、息诉化解贯穿司法办案全过程。二是深化律师参与化解和代理涉法涉诉信访案件工作制度。完善律师值班制度，推动律师由参与值班接访向代理申诉和参与化解信访案件深入发展，鼓励律师代理申诉，全程代理群众诉求，负责督促办理、反馈结果，引导群众依法及时就地反映问题。三是建立健全综治、司法、信访、调解"四位一体"的矛盾纠纷排查调处和联动救助工作机制。坚持统筹推进，搭建控告申诉检察部门与其他业务部门信息共享和救助线索移送机制。四是加大对困难刑事被害人的司法救助力度，建立和完善司法救助经费保障长效机制，推进司法救助与法律援助、社会救助有机衔接，依法保障弱

势群体合法权益。

（四）持续加强业务能力和队伍建设，促进社会治理能力现代化

一是加强政治理论学习。深刻领悟习近平总书记全面依法治国新理念新思想新战略，深入学习贯彻落实习近平总书记关于加强和改进人民信访工作的重要思想，坚定理想信念，树牢宗旨意识，强化使命担当。二是强化岗位素能培训，以观摩学习、以案代训、案件评比、技能实训等为抓手，全面提升法律政策运用能力、风险防控能力、群众工作能力、科技应用能力、舆论引导能力，打造过硬控告申诉检察队伍。三是加强纪律作风和司法作风建设。始终把党建和党风廉政建设摆在首位，把党风廉政建设与业务工作同研究、同部署、同落实，形成党建、队建、业务协同发展的工作格局。